UTE ELISABETH HERWIG

Zeit Diät

Zeit managen und Stress abbauen ohne Jojo-Effekt

Inhalt

Die Woche der Besinnung

Mutig einen neuen Anfang wagen 5
Bevor Sie starten 6
»Zeit sparen« bedeutet
»Zeit besser nutzen« 7
**Überblick gewinnen,
Aktivitäten formulieren** 8
Tag 1: Das »Karussell im Kopf«
stoppen – Freiräume schaffen 10
Tag 2: Bestandsaufnahme –
wo bleibt meine Zeit? 16
Tag 3: Lernen Sie Ihren
Zeitbedarf einzuschätzen 19
Übung: Verbessern Sie
Ihr Zeitgefühl 22
Tag 4: Reserven einplanen 23
Tag 5: Die Informationsflut
nachhaltig eindämmen 27
Tipp: Charmant aber bestimmt –
»Monogespräche« gekonnt
vermeiden 29
Wochenrückschau 33
Ihr Zeitgewinn in dieser Woche 34
Tipp: Kraftquellen aktivieren ... 35

Die Woche der Ziele

**Den eigenen Aktivitäten
Richtung geben** 37
Tag 1: Abschied nehmen und
einen Neubeginn wagen 39
Tag 2: Am Anfang immer auch
das Ende im Sinn haben 46
Tag 3: Welchen Weg soll ich
denn nehmen? 52
Tipp: Was tun bei unrealistischen
Meilensteinen? 55
Tag 4: Aktivitäten planen 58
Tipp: Die Frage der Fragen 60
Tag 5: Die richtigen Dinge
zur richtigen Zeit tun 66
Wochenrückschau 70
Ihr Zeitgewinn in dieser Woche 70
Tipp: Fehler als Chance 71

Die Woche der Selbstorganisation

Effektiver arbeiten mit System 73
Tag 1: Sprinter oder Langstreckenläufer? 74
Selbsttest: Welcher Typ sind Sie? 78
Tag 2: Das Wichtigste als Erstes tun 82
Tag 3: Vom Stapelwesen zur effizienten Ablage 87
Tag 4: Erfahrung nutzbar machen .. 98
Tag 5: Effizient kommunizieren ... 102
Wochenrückschau 108
Ihr Zeitgewinn in dieser Woche ... 108
Tipp: Abgabetermine setzen und einhalten 109

Die Woche der Erfolge

Fortschritte genießen – Details optimieren 111
Tag 1: Im Fluss sein – tun, genießen, prüfen, verbessern 112
Tag 2: Von den Landwirten etwas über die rechte Zeit lernen 116
Tag 3: Routinen eine Chance geben 120

Tipp: Verwandeln Sie Stress in Schmunzeln 121
Tag 4: Nicht ärgern, sondern üben, üben, üben 124
Tipp: Ärger-Management 125
Tag 5: Lebensbereiche verbinden – Synergien nutzen 127
Wochenrückschau 130
Ihr Zeitgewinn in dieser Woche ... 131
Dem Jojo-Effekt keine Chance 131
Selbsttest: Wo hakt es? 132
12 Tipps, um dem Jojo-Effekt sicher vorzubeugen 134

Service

Vorlage »Aktivitätenliste« 135
Vorlage »Aktivitätenliste Woche« 136
Vorlage »Tagesrückschau« 137
Vorlage »Wochenrückschau« 138
Vorlage »Kraftquellen« 139
Vorlage »Zielfindung« 140
Vorlage »Projektübersicht« 141
Bücher, die weiterhelfen 142
Internetadressen, die weiterhelfen 142
Register 143
Impressum 144

Die Woche der Besinnung

1

→ DER MENSCH HAT KEINE ZEIT,
WENN ER SICH NICHT ZEIT NIMMT,
ZEIT ZU HABEN. [Ladislaus Boros]

Sie haben sich entschlossen, mehr Zeit zu haben? Beginnen Sie Ihr Zeitmanagementprogramm mit der Suche nach Antworten auf eine einfache Frage:
»Was mache ich mit meiner Zeit?«

Mutig einen neuen Anfang wagen

Wir arbeiten immer länger, immer schneller und – immer lustloser. Das Ergebnis sind Erschöpfung, Misserfolge oder sogar qualitativ mangelhafte Arbeitsergebnisse. Eilig angeeignete Tricks und punktuell ansetzende Methoden zur Optimierung der eigenen Effektivität laufen nach kurzfristigen Kraftakten häufig ins Leere.

Der Grund: Über Jahre eingeübte Arbeitsgewohnheiten sind nicht »mal eben schnell« und nebenher zu verändern. Und dass die Lösung des ewigen Zeitmangels nicht darin liegen kann, noch mehr in noch weniger Zeit bewältigen zu können, hat so mancher bitter am eigenen Leib erfahren müssen.

Um dauerhaft zu größerem Zeitreichtum zu kommen, ist es notwendig, mehr Zeit in sein Zeitmanagement zu investieren, seine Werkzeuge zu verbessern und nachhaltig seine Gewohnheiten zu verändern. Das vorliegende Vier-Wochen-Programm möchte Sie darin unterstützen, sich in diesem Sinne und dauerhaft zu einem aktiven, ausbalancierten Zeitmanager in eigener Sache zu entwickeln.

Es besteht aus vier Teilen: Besinnung, Zielfindung, Selbstorganisation und Optimierung. Die einzelnen Tagesetappen enthalten detaillierte Anleitungen, mit deren Hilfe Sie Ihren Tagesablauf optimieren können und lernen, neue Gewohnheiten und Rituale zugunsten Ihres Zeitbudgets zu etablieren. Klettern Sie auf den Fahrersitz Ihres Lebenszeitwagens und bestimmen Sie selbst wieder das Tempo und die Richtung, die Ihr Gefährt nehmen soll!

Bevor Sie starten

Grundlage für Ihr Vier-Wochen-Programm ist Ihr persönliches Zeitbuch. Stellen Sie sich vor, Sie begeben sich auf eine Reise. Dieses Zeitbuch (im Buch der Einfachheit halber ZB abgekürzt) wird Ihr ständiger Reisebegleiter, Coach, Mentor sowie Ihr Tagebuch und Arbeitswerkzeug, das Sie von jetzt an auf Schritt und Tritt treu begleitet.

Am besten eignet sich ein normaler mittelflacher DIN-A4-Ordner mit 2-Ring-Mechanik. Achten Sie auf Qualität, Haltbarkeit und ein einladendes Aussehen – Sie werden Ihr Zeitbuch in den nächsten Wochen hunderte von Malen zur Hand nehmen. Außerdem werden Sie ein alphabetisches Register im Format des Ordners, ungefähr zehn einfache Trennblätter, einen zuverlässigen Bleistift (am besten einen Druckbleistift mit integriertem Radiergummi in der Stärke HB) sowie ein paar Farbstifte benötigen.

Das Zeitbuch wird Sie mit Materialien und Stauflache unterstützen. Kopieren Sie dazu die im Serviceteil enthaltenen Vorlagen in folgender Anzahl auf DIN-A4-Blätter (Einstellung: DIN-A4, Vergrößerungsfaktor 140 Prozent):

- 40× »Aktivitätenliste«
- 7× »Aktivitätenliste Woche«
- 2× »Vorlage Kraftquellen«
- 21× »Tagesrückschaubogen«
- 5× »Wochenrückschaubogen«
- 10× »Zielfindung«
- 5× »Projektübersicht«

Heften Sie in alphabetischer Reihenfolge jeweils eine Kopie als Masterkopie in einer Prospekthülle in Ihr Zeitbuch. Alle weiteren Kopien lochen Sie und heften diese vor der jeweiligen Masterkopie ab, mit Ausnahme der Vorlage »Aktivitätenliste«. Von dieser Vorlage heften Sie nur 20 Kopien ab. Die Masterkopien ermöglichen Ihnen, bei Bedarf jederzeit frische Vorlagen zu kopieren. Heften Sie nun obenauf ein Trennblatt mit der Aufschrift »Vorlagen«. Anschließend heften Sie das alphabetische Register von A bis Z darüber. Es folgen die verbliebenen 20 Kopien der Vorlage »Aktivitätenliste«. Beschriften Sie diese in den vorgesehenen Feldern im Kopf nacheinander mit einem Datum, beginnend mit dem ersten Tag Ihres Vier-Wochen-Programms. Natürlich ist es für Sie übersichtlicher, wenn Sie Ihre Job-Diät tatsächlich an einem Montag beginnen, zwingend notwendig ist es aber nicht.

Abschließend legen Sie hinter der Rubrik »Vorlagen« noch zwei weitere Rubriken an: Als Erstes legen Sie ein Trennblatt mit der Aufschrift »abgearbeitete Aktivitätenlisten« ein. Hier werden Sie nicht mehr aktuelle Tages-Aktivitätenlisten ablegen. Dahinter folgt ein Trennblatt mit der Aufschrift »Rückschaubögen«. Hier können Sie später Ihre ausgefüllten Tages- und Wochenrückschaubögen abheften. Fertig ist Ihr Zeitbuch – nun können Sie das Programm beginnen.

> **TIPP**
>
> **Der innere Zögerer**
>
> → Haben Sie Zweifel, ob es sich lohnt, jetzt bereits alle Vorlagen für die vier Wochen zu kopieren? Hören Sie eine innere Stimme sagen: »Mal sehen, ob ich die erste Woche überhaupt schaffe?« Lassen Sie den inneren Zögerer gar nicht erst die Oberhand gewinnen. Legen Sie Ihr Zeitbuch ohne Wenn und Aber für vier Wochen an!

»Zeit sparen« bedeutet »Zeit besser nutzen«

Dass man Zeit nicht »hat«, sondern jedem ein begrenztes Maß an Lebenszeit zur Verfügung steht, ist Ihnen natürlich klar. Umgangssprachliche Wendungen wie »Zeit einsparen« oder »Zeit gewinnen« fordern im Grunde nur dazu auf, selbst die Richtung, die Schwerpunkte und das Tempo des eigenen Tuns zu bestimmen. Man kann Zeit im eigentlichen Sinne nicht sparen, man kann sie nur anders – besser – nutzen. Sich die eigene Arbeitszeit selbstverantwortlich einzuteilen, seine Zeit gezielt und aktiv für die eigenen Anliegen zu nutzen ist das eigentliche Geheimnis des Zeitmanagements. In diesem Sinne sollten Sie Formulierungen wie »Zeit sparen« ab heute in motivierende Sätze wie »vorhandene Zeit für anderes nutzen« übersetzen. Dies gilt auch für die »Einsparungen«, die Sie im Laufe des Vier-Wochen-Programms erzielen können. Je nachdem, wie konsequent und schnell Sie einzelne Tipps und Hilfen umsetzen können, werden Sie am Ende jeder Woche Zeit gewonnen haben – die Sie für andere Dinge nutzen können. Die wöchentliche Rückschau unterstützt Sie darin, diesen Veränderungsprozess bewusst wahrzunehmen.

Überblick gewinnen, Aktivitäten formulieren

»Irgendetwas muss sich hier sofort grundlegend ändern!« Genau das ist das Problem. Sie haben sich vielleicht zu dieser »Zeit-Diät« entschlossen, weil Sie sich ein anderes Zeitmanagement wünschen, mit dem Sie Ihren chronischen Zeitmangel und die Dauer-Hetze endlich in den Griff bekommen. Was genau sich ändern soll, wissen Sie auch noch nicht im Detail, aber Sie wünschen sich, dass der Stress weniger wird und Ihnen dieses Buch dazu eine fundierte Anleitung liefert.

Gut, fangen wir an: Die erste Woche Ihres Vier-Wochen-Programms wird Sie darin unterstützen, wieder einen klaren Kopf zu bekommen, und Sie in einen Zustand versetzen, in dem Veränderungen überhaupt erst möglich werden. Sie werden die »unspezifischen Gefühle«, dass die

Dinge nicht so laufen, wie Sie möchten, und dass Sie ständig in Hetze sind oder nicht zu dem kommen, was Sie eigentlich gern tun möchten, wertfrei überprüfen.

Dabei liegt die Betonung auf wertfrei. Hier geht es nicht darum, mit sich selbst zu hadern oder bereits handfeste Strategien zu entwerfen, was Sie besser machen oder ändern könnten. Konzentrieren Sie sich in dieser Woche einfach darauf, eine sachliche Adlerperspektive zu entwickeln. Schauen Sie sich in Ihrem Alltag selbst aufmerksam über die Schulter und prüfen Sie, ob die eine oder andere hier beschriebene Verhaltensweise auch auf Sie zutrifft. Entdecken Sie das Muster typischer, immer wiederkehrender Störungen in Ihrem Alltag und deren Anteil in Ihrem Zeitbudget.

Halten Sie Ihre Beobachtungen so exakt wie möglich in Ihrem Zeitbuch fest. Genau wie ein Arzt, der einen neuen Patienten vor sich hat und erst einmal intensiv zuhört, um das Problem zu verstehen, beginnen auch Sie Ihr Programm mit einer Bestandsaufnahme.

WOCHENZIEL

Was ich erreichen kann

→ Sie werden während dieser Woche erste Ursachen für Ihren Zeitmangel identifizieren und größere Klarheit darüber gewinnen, wo Ihre Zeit eigentlich bleibt. Sie werden Ihre Zeitfresser enttarnen und prüfen, wie gut Sie in der Planung von Aufgaben sind. Mithilfe der Aktivitätenlisten in Ihrem Zeitbuch werden Sie lernen, Ihre Zeit und Aufgaben realistischer zu planen und wahrscheinlich entdecken Sie, dass manches nicht so ist, wie Sie bisher dachten. Sie sind zudem eingeladen, über die vielen Informationsquellen, die Sie nutzen, nachzudenken und sich Freiräume durch deren bewusste Nichtnutzung zu schaffen.

Tag 1: Das »Karussell im Kopf« stoppen – Freiräume schaffen

Jeder hat es schon mindestens einmal erlebt, und jeder hasst das damit einhergehende Gefühl von Ohnmacht: Man arbeitet wie ein Pferd, dreht und wendet sich und dennoch scheinen sich schneller neue Löcher aufzutun, als man vorhandene stopfen kann. Der eigene Schreibtisch ist von einer gleichmäßigen Schicht Papier bedeckt, überall kleben bekritzelte Zettel mit To Dos, der schmucke Terminplaner in der Handtasche platzt vor lauter alten Quittungen und vergilbten Notizen aus allen Fugen, Aufträge und Termine haben sich über den Arbeitsbereich verteilt und lauern unsortiert in Ecken und Stapeln, im Computer, in Aktendeckeln, in Ausdrucken von E-Mails… Man hat längst den Überblick verloren, Termine werden verpasst und Versprechen nicht rechtzeitig eingelöst – nur die irrige Hoffnung, dass man schon irgendwie an alles rechtzeitig denken wird, erfüllt sich nicht. Nachts findet man keine Ruhe, weil einem ständig noch etwas einfällt, was auch noch hätte erledigt werden müssen, und die Liste der Dinge, die man morgen auf keinen Fall vergessen darf, hält einen hellwach. Ich nenne es »das Karussell im Kopf haben«, denn die Wirkungen des Durcheinanders erinnern an Karussellfahren mit überhöhter Geschwindigkeit: Sie sausen im Kreis herum, kommen nicht wirklich von der Stelle, fühlen sich leicht schwindelig und nehmen Ihre Umgebung kaum noch klar wahr. Es wird höchste Zeit, die Notbremse zu ziehen. Ein Set von drei Notmaßnahmen hat sich hier bewährt:

Als Erstes stellen Sie ausnahmslos alle Tätigkeiten ein und verschaffen sich für ein bis zwei Stunden eine absolut störungsfreie Zone. Diese Zeit nutzen Sie in einem zweiten Schritt, um alle Aktivitäten und Termine, die anstehen, SCHRIFTLICH festzuhalten und in eine Reihenfolge zu bringen. Damit sinkt das Gefühl, ohne Macht und Überblick zu sein, bereits erheblich. Das wiederum ist die beste Voraussetzung für den dritten wichtigen Schritt: Schlafen Sie mindestens zwölf Stunden tief und fest, unbehelligt von den Gedanken an all die unerledigten Dinge. So tanken Sie Kraft für einen Neustart und die anliegenden Aufgaben. Der erste Programmtag ist dem Anhalten des Karussells gewidmet.

Ob Sie es mehr mit einem ausgewachsenen Großstadtkarussell zu tun haben oder »nur« mit einem kleinen Kinderkarussell: Sie sollten den ersten Tag nutzen, um sich gedankliche Frei-Räume zu schaffen und um konzentriert Ihr Vier-Wochen-Programm zu starten.

Job des Tages

Der Job des Tages wird Ihnen helfen, Frei-Räume zurückzuerobern und einen Anfang für Ihr Programm zu finden. Sie sollten ein bis zwei Stunden für diese erste Aufgabe einplanen, je nachdem in welchem Zustand Sie und Ihr Arbeitsplatz sich befinden.

Im räumlichen Sinn unterstützt Sie die Aufgabe zunächst darin, sich eine leere Arbeitsfläche zu schaffen. Sie könnten zum Beispiel, wenn Sie vornehmlich an einem Schreibtisch arbeiten, diesen komplett leer räumen. Damit die in den Stapeln verborgenen Aufträge und Termine nicht verloren gehen, beginnen Sie gleichzeitig heute mit Ihrem vorbereiteten Zeitbuch zu arbeiten. Mit dem Notieren aller anstehenden Aufgaben schaffen Sie sich auch im mentalen Sinne den nötigen Freiraum zum Arbeiten.

Bevor Sie jedoch anfangen, möchte ich Sie auf einen entscheidenden Unterschied aufmerksam machen:

- Ein TERMIN hat grundsätzlich eine feste Uhrzeit und ein festes Datum. Termine notieren Sie in Ihrem Kalender.
- Mit AKTIVITÄTEN bezeichne ich alle Verrichtungen, die man ausführt. Sie erkennen Aktivitäten an Verben, die diese beschreiben: Mit A telefonieren, mit B sprechen, frühstücken, aus dem Fenster sehen, C beauftragen, im Hof nach D sehen, Kaffee kochen, sich mit E verabreden, E-Mail beantworten, über Kundenservice nachdenken, Konzept

schreiben, Software beschaffen, auf eine Besprechung vorbereiten, Artikel suchen, Unterlagen abheften, sich über G ärgern … »Den Bericht bis zum 15. des Monats/bis mittags schreiben« bezeichnet eine Aktivität mit Endtermin. Aktivitäten sind keine Termine und gehören auf keinen Fall in Ihren Kalender. Dort würden diese auch nicht genug Platz finden, denn ein Arbeitstag besteht aus unzähligen Aktivitäten und nur einem Bruchteil an echten Terminen. Für jeden Tag ab heute finden Sie in Ihrem Zeitbuch jeweils eine neue »Aktivitätenliste«. Jede Aktivitätenliste enthält eine breite Spalte, in die Ihre Aktivitäten des Tages untereinander eingetragen werden. Im Laufe der kommenden Programmtage lernen Sie Schritt für Schritt auch die weiteren Spalten dieser Liste zu nutzen.

Nun aber zur eigentlichen Aufgabe: Nehmen Sie sich aus der Reserveabteilung Ihres Zeitbuchs einige unbeschriftete Kopien der Vorlage »Aktivitätenliste« und betiteln Sie diese mit »Sammlung«. Notieren Sie darin alle Aktivitäten, die zurzeit in Ihrem Kopf herumschwirren. Schreiben Sie alles auf, was zu tun ist – wirklich alles! Halten Sie auch die Kleinigkeiten fest, begonnene Arbeiten, Dinge, die Sie schon längst hätten erledigen sollen, wozu Sie aber bisher nicht gekommen sind. Notieren Sie alles in jeweils einer Zeile in der Spalte Aktivität. Falls Sie mit einer Seite nicht auskommen, nehmen Sie die nächste Kopie. Termine, die Sie bisher nur im Kopf haben, notieren Sie in Ihrem Terminkalender. Doch Vorsicht: in den Terminkalender gehört nur eine kurze Angabe zur Uhrzeit, ein Stichwort, um was für einen Termin es geht, und gegebenenfalls der Ort. Sie wollen noch etwas für den Termin vorbereiten? Schreiben Sie »Termin vorbereiten [Stichwort; Datum]« in Ihre Aktivitätenliste.

Als Nächstes wenden Sie sich Ihrem Schreibtisch zu. Nehmen Sie sich den erstbesten Stapel vor und suchen Sie alle Termine und schlummernden Aktivitäten heraus. Notieren Sie diese ebenfalls in Ihrer Aktivitätenliste beziehungsweise in Ihrem Terminkalender und gehen Sie dann zum nächsten Stapel. Alles, was durchgesehen ist, verbannen Sie von Ihrer Arbeitsfläche. Wenn möglich legen Sie die Unterlagen, die Sie zur Erledigung der Aktivitäten benötigen, gleich in einer temporären Ablage ab (→ Seite 15f.), anstatt wieder alles in Stapeln zu häufen. Nutzen Sie die Gelegenheit, großzügig alte Zeitschriften, Prospekte und Werbezettel wegzuwerfen – aber passen Sie auf, dass Sie sich nicht mit dem Lesen von Artikeln oder in Aufräumarbeiten verzetteln. Die Aufgabe heißt: »Überblick gewinnen – Arbeitsfläche frei« und nicht: »Aufräumen«! Arbeiten Sie sich zügig durch alle Stapel, bis Ihr Schreibtisch leer ist.

Überlegen Sie, wo weitere Aktivitäten versteckt sein könnten. Vielleicht an der Pinnwand, in Ihrem Taschenkalender, in Ihrer Handtasche, Ihrer Mailbox, in dem Kalender an der Wand? Knöpfen Sie sich auch diese Orte vor und ziehen Sie die Aufgaben ans Licht und auf Ihre Listen.

Haben Sie alles durchforstet und auf Ihren Listen notiert? Gut, dann breiten Sie jetzt auf Ihrem Schreibtisch alle gefüllten Aktivitätenlisten nebeneinander aus und schauen sich an, was zu tun ist. Einerseits wird die Fülle – die jetzt so richtig sichtbar ist – Sie eventuell erschrecken. Sie werden sich bestätigt fühlen, dass Berge auf Sie warten. Andererseits wissen Sie jetzt wirklich, womit Sie es zu tun haben, und können einen Plan entwerfen, dieser Fülle Herr zu werden. Den ersten Schritt, die Zügel wieder in die Hand zu bekommen, tun Sie noch heute:

Streichen Sie in den Listen all diejenigen Aktivitäten an, die Sie **SO SCHNELL WIE MÖGLICH** erledigen sollten, zum Beispiel um größeren Schaden zu verhindern. Seien Sie jedoch geizig bei der Auswahl. Fragen Sie sich »Was würde passieren, wenn das noch eine Woche beziehungsweise vier Wochen liegen bleibt?« Wägen Sie den möglichen Schaden gegen Ihr momentanes Ziel ab, sich Freiräume zu schaffen und erst einmal wieder Luft zu bekommen. Anschließend streichen Sie noch ungefähr zehn weitere Aktivitäten an, die Ihnen ebenfalls

TIPP

Sanfter Schlummer

→ Wenn Sie keine Ruhe finden oder nachts immer wieder aufwachen, weil Ihre Gedanken sich im Kreise drehen, können Sie folgendes versuchen: Machen Sie am Abend vor der Schlafensgehzeit noch einen gemütlichen 10-Minuten-Spaziergang »um den Block«. Anschließend trinken Sie einen Becher Schlaftee – Beutelportionen bekommen Sie in der Apotheke. Dort erhalten Sie auch flüssigen Baldrian in der Flasche. Ein Teelöffel davon in einem Becher Schlaftee wirkt 30 Minuten später Schlaf-Wunder. Wachen Sie in der Nacht auf, wiederholen Sie den Tee- und Baldrianaufguss. Bevor Sie allerdings noch kurz vor Ihrer Aufstehzeit davon nehmen, sollten sie seine Wirkung getestet haben.

---

sehr wichtig erscheinen, und die Sie außerdem in jeweils WENIGEN MINUTEN erledigen könnten.

Sie haben in Ihrem Zeitbuch für jeden Tag der Woche eine Aktivitätenliste vorbereitet. Diese Listen nehmen Sie sich jetzt vor und verteilen die angestrichenen Aktivitäten aus Ihrer Sammlung auf die Woche. Was werden Sie als Erstes erledigen, was als Zweites, was anschließend? An welchem Tag könnten Sie die wichtigen kleinen Minutenaufgaben erledigen? Übertragen Sie die Aktivitäten einzeln in die Liste des entsprechenden Wochentags. Anschließend tragen Sie bitte noch eine weitere Aktivität für morgen ein: »Planung restl. Aktivitäten in Sammlung«, damit die verbliebenen Aktivitäten nicht untergehen. Gegebenenfalls werden Sie diese Aktivität in den nächsten Tagen noch ein paar Mal in Ihre aktuelle Aktivitätenliste aufnehmen und wiederholen, bis die Sammlung vollständig abgearbeitet ist.

Wenn Sie noch Energie übrig haben, nehmen Sie sich jetzt Ihren Terminkalender vor und streichen Sie konsequent alle Termine, die zurzeit nicht überlebenswichtig sind, zugunsten Ihres eigenen Zeitbudgets.

Gegebenenfalls notieren Sie für morgen gleich eine Aktivität »Termine absagen« in Ihrer Aktivitätenliste.

Der letzte Teil der heutigen Aufgabe besteht schließlich darin, dass Sie in die Wege leiten, was möglich – und nötig – ist, um tief und lange schlafen zu können. Sagen Sie möglichst alle Abendtermine ab und verlassen Sie früh das Büro. Versuchen Sie, Ihr Familienleben so zu organisieren, dass Sie sich heute sehr früh zurückziehen können. Vor allem, wenn sie schon länger vor lauter Sorgen ob der vielen Aufgaben keine Ruhe gefunden haben, schlafen Sie – es wirkt Wunder!

Hilfreich: die temporäre Ablage

Legen Sie sich gleich heute eine temporäre Ablage an, zum Beispiel in Form eines stabilen Pultordners mit 30 durchnummerierten Fächern. 30 durchnummerierte Hängemappen in einer Hängeregistratur funktionieren ebenso gut. Jede Einzelinformation oder Unterlage wird in ein eigenes Fach gelegt und GLEICHZEITIG eine Aktivität in der Aktivitätenliste geplant. Das funktioniert zum Beispiel so: Aus dem Veranstaltungsprogramm der IHK haben Sie eine interessante Veranstaltungsankündigung ausgeschnitten und das Heft weggeworfen. Die Aktivität »Veranstaltg. IHK entscheid. → P14« in Ihrer Aktivitätenliste fordert Sie auf, eine Entscheidung bezüglich einer Veranstaltung zu treffen. Die Informationen dazu finden Sie in Ihrem Pultordner, Fach 14. Sie können die temporäre Ablage auch für Telefonnotizen nutzen. Beispielsweise ruft jemand an und hat drei Anliegen. Sie notieren diese und versprechen – nach einem kurzen Blick auf Ihre Aktivitätenliste –, sich bis übermorgen darum zu kümmern. Anschließend legen Sie Ihre Telefonnotiz in der Pultablage ab und notieren auf Ihrer Aktivitätenliste für den nächsten Tag »T Müller Anliegen → P16« Schon haben Sie innerhalb kürzester Zeit sichergestellt, dass Sie Ihr Versprechen zur rechten Zeit erfüllen werden und haben den Kopf wieder für Ihre derzeitige Tätigkeit frei.

Eine temporäre Ablage darf jedoch keinesfalls als Dauerablage missbraucht werden, da sie sonst schnell zu einem Unterlagenfriedhof wird. Hier abgelegte Unterlagen werden IMMER von einer Aktivität begleitet! Sie sollten sich zudem angewöhnen, mit dem Abarbeiten einer Aktivität auch gleich die entsprechenden Dokumente aus Ihrem Pultordner zu entfernen.

10 Minuten Tagesrückschau

Heute haben Sie begonnen, Ihre Zeit aktiv zu managen. Auf Ihrem Schreibtisch ist erst einmal wieder Platz zum Arbeiten. Sie haben einen Überblick über alles, was ansteht, und für die dringlichsten und wichtigsten Aufgaben schon einen ersten Ablaufplan. Wie ist es Ihnen heute beim Sortieren ergangen? Sind Sie mit Ihrer Aufgabe gut zurechtgekommen? Bitte nutzen Sie den Rückschaubogen in Ihrem Zeitbuch, um die Ereignisse des Tages für sich festzuhalten. Den ausgefüllten Rückschaubogen heften Sie in Ihr Zeitbuch hinter das Trennblatt mit der Aufschrift »Rückschaubögen«.

Tag 2: Bestandsaufnahme – wo bleibt meine Zeit?

Oft ist man nach einem Arbeitstag unglaublich erschöpft. Man kann eigentlich nicht genau sagen, was man den ganzen Tag gemacht hat, aber dass es viel war und anstrengend, das fühlt man sehr deutlich. Wenn man gefragt wird, was man denn so Anstrengendes gemacht hat, dann fallen einem schon ein, zwei, drei Dinge ein, aber das war eigentlich nicht tagesfüllend. Da muss doch noch mehr gewesen sein? Man kann sich nicht mehr genau erinnern. In der Rückschau der Tage und Wochen ballt sich bald das Gefühl viel (zu viel) gearbeitet zu haben, viel Zeit ist ins Land gegangen, und doch ist man nicht nur erschöpft, sondern oft auch seltsam unzufrieden. Das Gefühl, in einem

Hamsterrad zu stecken, zu rennen und zu rennen, aber nicht von der Stelle zu kommen, ist dann nicht mehr weit. Wenn es Ihnen auch so geht, dann wird es Zeit, dem Zeitverbleib während Ihres Arbeitstages auf die Spur zu kommen. Mit Staunen, vielleicht Stolz und eventuell ein wenig Schrecken werden Sie die Anzahl und Vielfalt Ihrer Tätigkeiten erkennen und schwarz auf weiß sehen können, wofür Sie Ihre Lebenszeit an einem Tag wirklich verwenden.

Job des Tages

Ihr Zeitbuch enthält auch für heute eine Aktivitätenliste. Einige der Aktivitäten haben Sie gestern schon geplant. Im Laufe des Tages verrichten Sie aber über diese hinaus eine Vielzahl von weiteren Aktivitäten. Ihr Job des heutigen Tages besteht darin, diese vielen kleinen Aktivitäten ebenfalls in der Aktivitätenliste mit festzuhalten. Für jede neue Aktivität füllen Sie eine weitere Zeile am Ende der Liste aus. Schauen Sie sich selbst akribisch genau über die Schulter. Was machen Sie den ganzen Tag? Was genau sind die Aktivitäten, die Sie verrichten? Womit verbringen Sie Ihre Zeit? Notieren Sie EHRLICH jede Kleinigkeit, die Sie tun, und deren Dauer. Notieren Sie auch Minutentätigkeiten. Führen Sie Ihr Zeitbuch auf Schritt und Tritt mit sich und machen Sie sofort nach jeder neuen Aktivität Ihren Eintrag. Erfassen Sie auch Unterbrechungen und Störungen, Ablenkungen und Pausen. Ist die Tätigkeit beendet, zeichnen Sie diese mit einem Erledigt-Häkchen in der letzten Spalte ab, damit Sie wissen, ob ein Eintrag noch abzuarbeiten ist oder nicht.

Am Ende – wirklich am Ende! – des Tages analysieren Sie Ihren Tag. Gehen Sie Ihre gesammelten Aktivitäten in der Liste noch einmal Zeile für Zeile durch. Welche Ihrer Aktivitäten würden Sie intuitiv als unwichtig oder als überflüssig einstufen? Entscheiden Sie intuitiv und nach Ihrem Gefühl. Haben Sie herumgetrödelt oder irgendetwas Unsinniges angefangen, um noch ein wenig Aufschubzeit vor schwierigen

TIPP

Seien Sie konsequent

→ Vielleicht denken Sie es sei einfacher, erst am Ende des Tages alle Aktivitäten zu notieren. Es wird nicht klappen! Der Sinn der Aufgabe ist, all Ihre kleinen Handlungen sichtbar und bewusst zu machen, die sonst untergehen. Schreiben Sie also alles sofort auf. Falls es Ihnen zu aufwändig erscheint, den ganzen Tag Ihr Zeitbuch mit sich herumzutragen, nehmen Sie die Aktivitätenliste für diesen Tag heraus und stecken Sie sie zusammengefaltet in die Tasche. Vergessen Sie jedoch nicht die Seite am Ende des Tages wieder in Ihr Zeitbuch zu heften.

Aufgaben zu gewinnen? Wurden Sie gestört? Entscheiden Sie sich spontan und kennzeichnen Sie alle Aktivitäten, die nichts mit Ihren eigentlichen Aufgaben und Plänen für heute zu tun hatten.

Nachdem Sie alle Zeilen auf diese Weise bewertet haben, zählen Sie die verbrauchte Zeit für alle markierten Aktivitäten zusammen. Notieren Sie die Gesamtzeit in großen Ziffern am Ende der Seite. Wie viel Zeit haben Sie heute für Aktivitäten verwendet, die Sie spontan als unwichtig einstufen? Überschlagen Sie den prozentualen Anteil dieser Zeit an Ihrem Zeitbudget. Hinter dieser Zeit verbirgt sich Ihr Gefühl der Erschöpfung, ohne dass Sie sich später noch an all diese Aktivitäten im Detail erinnern können.

Wenn Sie mehr als ein Drittel Ihrer Zeit mit solchen ungeplanten oder unsinnigen Aktivitäten verbracht haben, dann werden Ihre größten Gegner wahrscheinlich Ihr eigener innerer Schweinehund, Abgrenzungsschwierigkeiten und mangelndes Zielbewusstsein sein. Wenn die Gesamtzeit weniger als ein Drittel beträgt, dann können Ihnen ein strafferer Arbeitsplan, die Einplanung von Reservezeiten und die Fokussierung auf wichtige Aktivitäten eventuell schon helfen, Ihr Zeitmanagement zu optimieren.

Mithilfe des Tests in der Innenklappe können Sie herausfinden, welches Ihre persönlichen »Zeitfresser« sind. Können Sie aus Ihren Antworten eine Häufung spezieller Zeitfresser entdecken? Spannend ist auch, den Test am Ende Ihres Vier-Wochen-Programms noch einmal zu wiederholen und zu prüfen, was sich inzwischen verändert hat.

10 Minuten Tagesrückschau

Wie ist es Ihnen heute, an Ihrem zweiten Tag ergangen? Haben Sie Ihre Aktivitäten vollständig erfasst? Hätten Sie gedacht, dass Sie so viele verschiedene Dinge an einem Tag tun? Welche Erkenntnisse haben Sie gewonnen? Nutzen Sie bitte den Rückschaubogen für den heutigen Tag, um sich auch über Ihre Erfolge und Verbesserungsmöglichkeiten klar zu werden und diese festzuhalten.

Tag 3: Lernen Sie Ihren Zeitbedarf einzuschätzen

Kennen Sie das? Man fängt seinen Arbeitstag in dem Bewusstsein an, dass unglaublich viel Arbeit auf einen wartet, und dem unguten Gefühl, dass man sowieso nicht alles schaffen wird. Vor einem liegt der große dunkle Berg, den es zu erklimmen gilt, und man weiß insgeheim schon, dass es nicht gelingen wird. Man hofft auf ein Wunder im Sinne von »Irgendwie wird es schon gehen« und fängt erst einmal irgendwo an. Schon nach kurzer Zeit setzt das Streichen im Kopf ein: »Na ja, das kann ich morgen auch noch machen« oder »Das muss eben warten…« Manchmal hört man sich selbst still Rechtfertigungen formulieren: »Das kann ja auch keiner schaffen…« oder »Was denken die eigentlich, wie ich das auch noch hinbekommen soll…«. Vor allem die Opferrolle (»Ich armer Tropf«) und die Retterrolle (»Unter Druck arbeiten war eben noch nie meine Stärke«) nehmen wir nur allzu gern in Anspruch. Dabei lässt man jedoch außer Acht, dass man Gestalter seiner Lebenszeit ist und es weitgehend selbst in der Hand hat, wie man mit Arbeitsbergen und anstehenden Aufgaben umgeht.

Der erste Schritt

Ein erster Schritt, selbst aktiv den eigenen Arbeitstag zu gestalten und über das Was und Wann und die Qualität der eigenen Aktivitäten zu entscheiden, liegt in der realistischen Einschätzung des jeweiligen Zeitbedarfs. Wie lange brauchen Sie wohl für die Beantwortung einer E-Mail? Wie viel Zeit benötigen Sie für das Formulieren eines Briefes? Wie lange brauchen Sie für das Heraussuchen von Akten?

Indem Sie sich bei der gedanklichen Gestaltung Ihres Tages gleich mit überlegen, wie hoch der Zeitbedarf für die einzelnen Aktivitäten sein wird, lernen Sie, nicht zu viele Aktivitäten in den Tag hineinzustopfen und damit einen aussichtslosen Kampf gegen die Uhr zu führen. Außerdem werden Sie merken, dass Sie eine Aktivität sehr viel eher in dem angesetzten Rahmen erledigen, wenn Sie dafür ein Zeitbudget im Hinterkopf haben. Dafür gibt es vor allem zwei Gründe: Zum einen spornt uns unser Ehrgeiz an, im Plan zu bleiben und zum anderen redet unser schlechtes Gewissen sofort mit, wenn wir übermäßig viel Zeit für etwas brauchen, das mit viel weniger Aufwand eingeplant war. Sie werden beide Reaktionen kennen, oder?

Job des Tages

Der heutige Job des Tages wird Sie darin unterstützen, vom reagierenden Abarbeiten

TIPP

Suchen Sie einen Grund

→ Es heißt »Jede Aufgabe braucht zu ihrer Erledigung so viel Zeit, wie wir ihr einräumen«. Hat man eine Stunde für das Aufräumen eingeplant, dauert es meistens auch eine Stunde. Hat man weniger Zeit eingeplant, so reicht das oft ebenfalls aus, wenn wir einen Grund erkennen, uns zu konzentrieren. Auf wen ein Rendezvous bei Kerzenschein wartet, der wird sich beeilen, die letzte Aufgabe vor Feierabend zügig zu erledigen...

zum gestalterischen Planen Ihres Arbeitstages überzugehen. Ihr Zeitbuch enthält auch für diesen Tag eine Aktivitätenliste. Bitte aktualisieren Sie diese jetzt. Zu den bereits vorhandenen Einträgen werden Sie eventuell nicht erledigte Aktivitäten des Vortages hinzufügen. Seien Sie in Ihrer Planung genau – listen Sie auch Kleinigkeiten wie beispielsweise Telefonate, Rückgabe von Geliehenem, informelle Besprechungen mit Kollegen mit auf. Erinnern Sie sich bitte noch einmal daran, dass Aktivitäten keine Termine sind. »Donnerstag, 15:00 Uhr Besprechung des Berichtes mit A« ist ein Termin und gehört nicht in diese Liste, wohl aber die Aktivität »Mit A Bericht besprechen – 45 Minuten«. Fertigen Sie sich also eine möglichst vollständige, vorausschauende Aufgabenliste für den Tag.

Nun zum zweiten Teil Ihrer Aufgabe: Was schätzen Sie, wie lange Sie für die Erledigung jeder vermerkten Aktivität brauchen werden? Denken Sie kurz nach und tragen Sie die Minuten in die entsprechende Spalte ein. Realistische Anhaltspunkte können Sie eventuell aus den gestern festgehaltenen Zeiten für einzelne Tätigkeiten gewinnen. Halten Sie sich jedoch nicht zu lange mit dieser Einschätzung auf.

Beginnen Sie nun Ihr Tagewerk und nutzen Sie Ihre Liste wie zuvor. Sie beobachten sich selbst und halten Ihre Aktivitäten ohne Ausnahme fest. Was machen Sie? Aufschreiben. Zeit festhalten. Arbeiten Sie an Aktivitäten, die Sie sich schon morgens vorgenommen haben, tragen Sie die tatsächlich benötigte Zeit dahinter ein. Kommen im Laufe des Tages neue Aktivitäten dazu, fügen Sie diese unten an Ihre Liste an und notieren die jeweils beanspruchte Zeit. Schaffen Sie sich wieder einen vollständigen Nachweis über jede Minute dieses Tages.

Am Ende des Tages sollten Sie alle Aktivitäten einzeln durchgehen. Heute liegt Ihr Fokus nicht auf der Zahl der überflüssigen Zwischentätigkeiten, sondern auf Ihrer Zeitbedarfsschätzung. Benötigen Sie meist weniger Zeit als geplant? Dann sollten Sie sich mehr zutrauen und Ihren Arbeitsplan straffer gestalten. Zuviel eingeplante Zeit für Akti-

ÜBUNG

Verbessern Sie Ihr Zeitgefühl

→ Eine kleine Übung für zwischendurch hilft, Ihr Zeitgefühl weiter zu trainieren. Schauen Sie dazu kurz auf Ihre Uhr und richten Sie anschließend Ihre Augen auf einen hübschen Gegenstand oder einen Punkt an der Wand. Nehmen Sie sich vor, Ihre Aufmerksamkeit für eine bestimmte Zeit, zum Beispiel fünf Sekunden, eine Minute oder auch drei Minuten auf diesen Gegenstand zu konzentrieren. Wenn Sie meinen, die geplante Zeit ist um, prüfen Sie wiederum mit einem Blick auf die Uhr wie viel Zeit tatsächlich vergangen ist. Wie gut war Ihre Einschätzung? Machen Sie diese kleine Übung im Laufe des Tages immer einmal wieder. Sie können zur Abwechslung auch einem Geräusch lauschen oder etwas ertasten. Mit der Zeit werden Sie in Ihrer Einschätzung sicherer.

vitäten verführt dazu, diese auch auszufüllen, und sei es mit überflüssigen Details. Wenn Sie dagegen eher immer etwas länger brauchen, könnte es sein, dass Ihr Perfektionismus Ihnen einen Streich spielt (siehe auch Pareto-Prinzip → hintere Umschlagklappe innen). Oft unterschätzt man allerdings auch die Anlaufzeiten für eine Aufgabe. Bis Sie endlich dazu kommen, die eigentliche Arbeit zu erledigen, sind umfangreichere Vorarbeiten nötig, die Sie eventuell nicht mit eingeplant haben. Eine verbreitete Variante von »nötige Vorarbeiten« ist übrigens das Suchen!

Hier noch ein kleiner Tipp: Kommen Sie nicht in Versuchung zu werten. Erinnern Sie sich: Es geht im Moment einzig und allein darum, die Rolle des neutralen Beobachters auszuüben. Beschimpfen Sie sich nicht, rechtfertigen Sie sich nicht, suchen Sie nicht nach Schuldigen, grübeln Sie nicht. Sie machen eine Bestandsaufnahme und sammeln Daten und Fakten. Staunen Sie, lächeln Sie und freuen Sie sich, dass Sie sich auf den Weg gemacht haben. Nicht mehr und nicht weniger.

10 Minuten Tagesrückschau

Wie ist es Ihnen heute, an Ihrem dritten Tag ergangen? Haben Sie Ihre Aktivitäten vollständig erfasst? Konnten Sie aus der Auswertung der Zeitbedarfe für einzelne Tätigkeiten etwas über Ihr Einschätzungsvermögen lernen? Wahrscheinlich fängt das schriftliche Festhalten von einzelnen Vorhaben und dem zugehörigen Zeitbedarf schon an zu wirken. Sie werden sparsamer im Umgang mit Ihrer Zeit in Bezug auf nicht geplante Vorhaben und auch Ihr Bewusstsein für die Kostbarkeit kleiner Zeiteinheiten erwacht. Bitte nutzen Sie den Rückschaubogen für den heutigen Tag, um Ihre Fortschritte zu dokumentieren.

Tag 4: Reserven einplanen

Wenn Sie in den letzten beiden Tagen trotz allen Fleißes und guter Vorsätze selten mit den geplanten Aufgaben in der dafür veranschlagten Zeit fertig geworden sind, immer noch am Limit arbeiten und die Aktivitätenlisten immer länger werden, dann könnte ein Grund dafür Ihre zu enge Zeitplanung sein. Wir geraten immer dann in Hektik, wenn wir für Unvorhergesehenes keine Reserven eingeplant haben.

Unter dem Namen »40-60-Regel« ist eine Methode bekannt geworden, die rät, nur 60 Prozent der verfügbaren Zeit zu verplanen und 40 Prozent als Reserve unverplant zu lassen. Im ersten Moment scheint das viel. Dennoch, die Erfahrung zeigt, dass diese Zeitreserve fast täglich aufgebraucht wird. Rechnen wir einmal genauer nach: Ihr Arbeitstag umfasst eine bestimmte Anzahl von Stunden. Nehmen wir an, es seien acht Stunden vom Betreten bis zum Verlassen des Gebäudes. 40 Prozent eines Acht-Stunden-Tages wären rund drei Stunden. Damit stehen rund drei Stunden Reserve nur fünf Stunden planbarer Zeit gegenüber. Das sind fünf mal 60 Minuten, also 300 Minuten planbare Arbeitszeit. War Ihnen das in dieser Deutlichkeit bewusst?

»Wenn jedoch alle Zeit inklusive der Reserve benötigt wird, wofür soll diese Methode dann gut sein, mein Tag ist doch nur wieder propenvoll!«, werden Sie vielleicht sagen. Ja, das ist richtig, und dennoch: Ohne die Zeitreserve würden Sie nicht alle Vorhaben realisieren können, und am Ende des Tages mehr oder weniger große Abstriche machen müssen. Oder Sie schaffen mit Ach und Krach alles zu erledigen, das aber nur unter Stress und Hektik und vor allem unter Qualitätsverlusten. Zu guter Letzt, und das erweist sich als viel gravierender, als viele glauben, erleben Sie ohne Pufferzeit ein ständiges Gefühl von Zeitnot. Drei Vorhaben erledigt zu haben und Zeit übrig zu haben fühlt sich einfach sehr viel motivierender an, als fünf Vorhaben gerade eben so und mit einer halben Überstunde durchgeboxt zu haben – auch wenn es gerade am Anfang Ihres Vier-Wochen-Programms schon ein Erfolg ist, überhaupt fünf Vorhaben auf Ihrer Aktivitätenliste abhaken zu können. Versuchen Sie sich ein Gefühl von Zeitreichtum zu verschaffen, indem Sie sich von heute an ganz gezielt nur so viel vornehmen, wie Sie vorsichtig geschätzt in 60 Prozent Ihrer Tagesarbeitszeit schaffen können.

Vielleicht fürchten Sie, mithilfe der 40-60-Regel schon früh am Nachmittag mit Ihrem Tageswerk fertig zu sein und an Ihrem Arbeitsplatz beim Müßiggang ertappt zu werden? Nun, niemand hindert Sie daran, dann eine weitere Aktivität vorzuziehen und so vielleicht schon ein Erledigt-Häkchen an ein anderes Vorhaben auf Ihrer Liste setzen zu können. Aber Achtung: Wenn noch zwei Stunden übrig sind, dann passt dort maximal noch eine 72-Minuten-Aktivität hinein.

Job des Tages

Als Erstes sollten Sie heute wieder Ihre Aktivitätenliste aktualisieren. Es ist wichtig, dass sie alles enthält, was Sie sich für diesen Tag vorgenommen haben – dazu gehören auch wieder eventuell unerledigte Aufgaben des Vortages, sofern Sie diese nicht auf einen anderen der kommenden Tage verteilen möchten. Bitte nehmen Sie auch Ihre Routineaktivitäten, die jeden Tag fällig sind, einzeln mit auf.

Dann tragen Sie hinter jede Aktivität – sofern noch nicht geschehen – den geschätzten Zeitbedarf in die entsprechende Spalte ein. Dabei achten Sie heute zusätzlich darauf, dass Sie höchstens 60 Prozent Ihrer Arbeitszeit auf diese Weise verplanen. Das sind wie gesagt bei einem Acht-Stunden-Tag rund fünf Stunden. Die anderen drei Stunden kalkulieren Sie als Reserve für Unvorhergesehenes oder Verzögerungen ein. Zählen Sie immer wieder die verplanten Minuten zusammen und prüfen Sie, ob Sie die 60-Prozent-Grenze noch nicht überschritten haben. Arbeiten Sie zügig und konzentriert.

Anschließend starten Sie Ihr Tageswerk, arbeiten Ihre Liste konzentriert ab und nehmen dabei wieder Ihre Beobachtertätigkeit auf. Nach jeder abgeschlossenen (oder unterbrochenen) Aktivität vermerken Sie auf Ihrer Liste die tatsächlich benötigte Zeit. Neue Aktivitäten tragen Sie wie gehabt fortlaufend mit der jeweils benötigten Zeit am Ende der Liste ein. Bleiben Sie am Ball, seien Sie weiterhin genau und penibel im Beobachten und Aufzeichnen.

Am Ende des Tages analysieren Sie Ihre gesammelten Aktivitäten in der gefüllten Liste:

→ Wie lagen Sie mit Ihrer Einschätzung der benötigten Zeit für Ihre Tagesvorhaben? Waren Sie schneller fertig? Oder mussten Sie Ihre Zeitreserven »anknabbern«? Wie viel der Zeitreserve haben Sie für geplante, aber länger dauernde Aufgaben gebraucht?

→ Wie viele Aktivitäten sind im Laufe des Tages hinzugekommen, die Sie nicht eingeplant hatten? Wie viel Ihrer Reserve haben diese unerwarteten Tätigkeiten verbraucht?

→ Sind Sie mit Ihrer Zeitreserve von 40 Prozent ausgekommen oder bräuchten Sie nach den Erfahrungen des Tages einen größeren Anteil an Reservezeit? Wenn Sie trotz Verzögerungen und Unerwartetem immer noch Reservezeit übrig hatten, was haben Sie damit gemacht?

TIPP

> ### Die Macht der schriftlichen Notizen
>
> → Mit großer Wahrscheinlichkeit (und großem Staunen) haben Sie bereits festgestellt, wie lang Ihre Aktivitätenliste im Laufe eines Tages werden kann. Sie können ihren Umfang nur deshalb in dieser Fülle wahrnehmen, weil Sie jede Kleinigkeit schriftlich festgehalten haben. Nutzen Sie deshalb bewusst die Wirksamkeit von schriftlichen Notizen für Ihre Fortschritte. Planen Sie schriftlich, dokumentieren Sie schriftlich, fassen Sie Ergebnisse schriftlich zusammen. Machen Sie sich Notizen. Sie nehmen sich damit selbst in die Pflicht. Das gilt auch für das Empfinden für reservierte Zeit und tatsächlich gebrauchte Zeit. Sie können sicher sein, dass Ihr Gehirn sich die geplante Zeit für ein Vorhaben merken wird, wenn diese in Ihrer Aktivitätenliste notiert ist. Brauchen Sie dann mehr Zeit als geplant, wird Ihr Bewusstsein dies kommentieren oder entschuldigen, Sie antreiben oder eventuell auch beruhigen.

Wenn Sie für geplante Aktivitäten auffällig mehr Zeit als von Ihnen geschätzt gebraucht haben, dann brauchen Sie eventuell noch etwas mehr Übung im realistischen Einschätzen Ihrer Zeitbedarfe für einzelne Tätigkeiten. Prüfen Sie sich selbst auch kritisch, ob Sie trödeln oder sich vielleicht gern ablenken lassen.

Wenn Unvorhergesehenes übermäßig an Ihren Zeitreserven knabberte, könnten Sie noch einmal genauer prüfen, ob es eher unvorhergesehene Störungen waren oder unvorhergesehene Aufgaben (die aber durchaus ihre Berechtigung hatten), für die Sie die Zeitreserven aufgewandt haben. Sich gegen allzu ausufernde Störungen vor allem aufdringlicher Mitmenschen zu wehren, kann man üben. Entsprechende Literaturtipps finden Sie im Serviceteil.

Vielleicht haben Sie aber auch festgestellt, dass 40 Prozent Zeitreserve überhaupt nicht ausreichen? Es macht allerdings kaum Sinn, die Reserven viel weiter auszudehnen – irgendwann kämen Sie zu dem Schluss, dass Sie am besten überhaupt nichts mehr planen. Das wäre der Zeitpunkt, an dem jeder Sie mit irgendetwas behelligen könnte, Sie ausschließlich die Wünsche anderer abarbeiten würden und damit das Management Ihrer Zeit völlig abgäben. Da das nicht Ihr Ziel sein kann, gibt es hier nur einen Rat: Versuchen Sie mit 40 Prozent Reserven auszukommen. Konzentrieren Sie sich auf die Abarbeitung von wenigen, für 60 Prozent der Zeit geplanten Aufgaben und versuchen Sie vor allem, konsequent alle unproduktiven Störungen auszuschalten.

10 Minuten Tagesrückschau

Wie war Ihr vierter Tag? Nehmen Sie Veränderungen an sich und Ihrem Zeitempfinden wahr? Ihre Aufgaben werden langsam umfangreicher. Sind Sie damit klar gekommen? Wie ist Ihre Analyse des Tages ausgefallen? Nutzen Sie den Rückschaubogen für den heutigen Tag wieder, um die Ereignisse des Tages noch einmal an sich vorbeiziehen zu lassen und Wesentliches in Stichworten zu notieren.

Tag 5: Die Informationsflut nachhaltig eindämmen

Ein Sechsjähriger stellt, so lernen die Pädagogen im Studium, im Schnitt täglich 400 Fragen. Man kann davon ausgehen, dass die Kinder die eingehenden Informationen irgendwie verarbeiten, Lücken in ihrem Verständnis füllen und damit lernen. Spontan könnte man daraus folgern, eine Information sei im Prinzip eine Antwort auf eine Frage, oder? Was aber, wenn auf Sie 400 Antworten zu Fragen einprasseln, die Sie nie gestellt haben? Ich behaupte, dass Sie täglich innerhalb von Sekundenbruchteilen ein Vielfaches an Informationen aufnehmen und so in Ihrem Gehirn einen gewaltigen Haufen Datenmüll sammeln. Informationen an sich sind zunächst einmal wertlos und kosten Sie

Zeit. Informationen werden erst dann zu wertvollem Wissen, wenn Sie bereit sind sie zu verarbeiten, sinnvoll mit Bekanntem zu verknüpfen, zu erinnern und einzuordnen. Wenn Sie jedoch nicht bereit oder in der Lage sind, Zeit in die Informationsverarbeitung zu investieren, sammeln Sie nur Datenmüll in Ihrem Gedächtnis – und vermutlich auch in Ihrem Ablagesystem.

Die Bundesbürger verbringen, so zeigten jüngste Erhebungen, im Schnitt zweieinhalb Stunden täglich vor dem Fernseher. Während man damit beschäftigt ist, all die gesammelten Informationen zu verarbeiten, sich über Gehörtes zu ärgern oder zu wundern oder gar in seinen Träumen die TV-Eindrücke verarbeitet, verrinnt kostbare Zeit. Dabei ist man der übergroßen Menge an Informationen nicht hilflos ausgeliefert. Jeder hat die Möglichkeit, seine Informationsquellen bewusst auszuwählen, den Informationsfluss zu kanalisieren und gezielt für seine Zwecke zu nutzen. Das Geheimnis besteht auch hier darin, sich nicht ziel- und wahllos von der Informationsflut hin- und herwerfen zu lassen, sondern dem eigenen Weg eine Richtung zu geben. Eine erste Maßnahme ist, überflüssige Informationskanäle zu verstopfen, vor allem solche, durch die immer nur negative, unproduktive Informationen auf Sie einströmen.

Die effektivste Methode, den Zeitfaktor »Information« zu begrenzen, ist allerdings, sich von dem Druck zu befreien, immer alles wissen zu müssen. Niemand kann alles wissen. Man wird immer in Situationen geraten, wo andere besser Bescheid wissen und man selbst unwissend daneben steht. Wehren Sie die Frage »Was, das wissen Sie nicht?« ab mit einer klaren Antwort wie »Nein, das liegt zur Zeit nicht im Fokus meines Interesses!«. Haben Sie sich äußerlich und vor allem innerlich von dem Wissensdruck befreit, werden Sie leicht auf viele Informationen verzichten können und dadurch erheblich an Zeit gewinnen.

Welches sind die Quellen, aus denen Sie täglich Informationen erhalten? Vielleicht die folgenden?

- → Kollege, Vorgesetzter – Menschen im Arbeitsumfeld
- → Unternehmensinformationen, zum Beispiel aus dem Intranet
- → Medien wie Internet, Fernsehen, Rundfunk, Zeitung, Zeitschriften
- → Öffentliche Werbung wie Straßenplakate und Leuchtreklame
- → Kunden, mündlich und schriftlich
- → Broschüren, angefordert und unaufgefordert zugesandt

Aus all diesen Quellen strömen täglich unzählige Daten, Neuigkeiten, Mitteilungen, Meldungen, Botschaften auf Sie ein und fordern Ihre Aufmerksamkeit. Und Aufmerksamkeit heißt im Klartext Lebenszeit. Als Erstes könnten Sie die Zahl der Informationsquellen, denen Sie sich aussetzen, einschränken. Das fällt leichter, wenn Sie sich zu jeder Quelle nur einmal die Zeit vergegenwärtigen, die Sie zur Aufnahme ihrer Informationen benötigen. Schon die Zeit, die Sie für eine ganz

TIPP

Charmant aber bestimmt – »Monogespräche« gekonnt vermeiden

→ Ein sich immer weiter ausbreitendes Phänomen ist, dass die wenigsten Menschen noch zuhören können oder wollen. An einem echten, befruchtenden Austausch zu einem Thema besteht gar kein Interesse mehr. Es ist, als ob viele nur auf eine Vorlage zu einem Thema warten, um Ihre eigenen Erlebnisse – oder meistens auch nur die dazu angestauten Informationen – loswerden zu können. Manchmal gibt es Gründe, solch ein »Fachgespräch« über sich ergehen zu lassen. Dem eigenen Zeitbudget ist es aber wesentlich zuträglicher, sich darin zu üben, ein derartiges »Mono-Gespräch« charmant zu unterbrechen und sich anschließend, ohne zurückzublicken, wieder den eigenen Aktivitäten zuzuwenden.

banale Quelle aufwenden, summiert sich schnell zu einer handfesten Zeitlücke in Ihrem wöchentlichen Zeitbudget: 45 Minuten Radio im Auto hören (Fahrzeit). Hinzu kommt die Zeit, die Sie im Nachhinein noch damit beschäftigt sind, über das Gehörte nachzusinnen. Wie viele eigene Gedanken hätten Sie in der Zeit schon entwickeln können? Vielleicht wäre schon längst der nächste Vortrag im Geiste ausgearbeitet oder das anstehende Jahresgespräch gedanklich bereits einmal durchgespielt? Verstehen Sie mich richtig: Es geht nicht darum, dass Sie nicht mehr Radio hören sollen. Aber Ihre Frage ist hier nicht: »Wie kann ich mich und meine Aufmerksamkeit zerstreuen?«, sondern »Wie kann ich mich und meine Aufmerksamkeit konzentrieren?« Die Antwort lautet: Sie könnten Ihre Informationsquellen bewusst und sorgfältig auswählen, deren Gebrauch auf das Nötigste beschränken und die gewonnene Zeit für eigene Interessen einsetzen.

Was für die oben beschriebene mediale Informationsquelle gilt, kann analog auf die Quelle »Menschen wie zum Beispiel Kollegen, Vorgesetzte« übertragen werden. Ist Ihr Zeitbudget knapp, sollten Sie keine Fragen stellen, wenn Sie die Antworten nicht wirklich brauchen. Und vor allem sollten Sie sich nicht als Mülleimer mit Ohren benutzen lassen. Verhindern Sie, dass andere aus Ihrem Zeitreservoir gierig schöpfen dürfen – der Verantwortliche dafür sind Sie allein!

Job des Tages

Im heutigen Job des Tages sollten Sie Ihre Informationsquellen unter die Lupe nehmen und prüfen, ob sich darin Zeitreserven verbergen. Dazu erstellen Sie bitte als erstes eine Sammlung aller Informationsquellen in Ihrem Alltag. Der Übersichtlichkeit halber können Sie gern Bereiche bilden. Vollständig wird Ihre Sammlung, wenn Sie nicht nur Ihren Arbeitsbereich, sondern alle Lebensbereiche betrachten. Auch eine abendliche Sitzung bei der Feuerwehr, das Netzwerktreffen der Branche oder das Forum im Internet sind Informationsquellen, die sich unter Umständen zum Zeitfresser entwickelt haben und an Ihrer Arbeits- oder Erholungszeit nagen. An jeder einzelnen Informationsquelle vermerken Sie die Zeit, die diese Quelle Sie mit Informationen pro Tag »bewirft«. Auch wenn Sie gewöhnlich parallel noch etwas anderes tun, notieren Sie die entsprechende Zeit. Wenn Sie also während der Arbeit immer Radio hören, notieren Sie die gesamte Arbeitszeit. Erfassen Sie Ihre Sammlung so akribisch und detailliert wie möglich.

Im Laufe des Tages (und gern auch während der folgenden Tage) führen Sie dann eine Reihe von kleinen Selbstversuchen durch: Schalten Sie Ihre Informationsquellen probeweise ab. Auf die meisten Informationen, die man täglich abruft oder unfreiwillig registriert, trifft bei näherer Betrachtung das Kriterium Nicht-Wichtig-Nicht-Dringlich (→ Seite 82 ff.) zu. Haben Sie Mut zur Lücke – rufen Sie solche Informationen gar nicht erst ab, schließen Sie die Quelle sofort, falls sie unaufgefordert an Sie sendet. Wenn Sie mit dem Bus oder dem Zug zur Arbeit fahren, könnten Sie beispielsweise die Augen geschlossen halten und Ohrenstöpsel nutzen, anstatt die Schuhe der Leute ringsherum zu registrieren und Gesprächen zu lauschen, die sie gar nicht hören wollen. Wenn Sie bisher im Auto Radio gehört haben, lassen Sie dieses einmal ausgeschaltet. Die Tageszeitung falten Sie gar nicht erst auf. Das mittägliche Plauschen in der Kantine ersetzen Sie heute vielleicht durch einen Spaziergang. Führen Sie Buch: Ist Ihnen bei Ihren Selbstversuchen etwas **WICHTIGES** entgangen? Haben Sie etwas Wesentliches verpasst? Konnten Sie die gewonnene Aufmerksamkeitszeit für Ihre persönlichen Interessen nutzen? Halten Sie bitte Ihre Erfahrungen in ein paar Sätzen auf einem neuen Blatt fest.

Schließlich gehen Sie die Sammlung Ihrer persönlichen Informationsquellen bitte Eintrag für Eintrag durch. Welche Quellen könnten Sie schließen oder umleiten? Welche Abonnements könnten Sie kündigen? Welche Versammlungen sollten in Zukunft ohne Sie auskommen? Welche Gespräche ließen sich bündeln oder ganz vermeiden?

Werden Sie in Zukunft mit jemandem anderen essen – wenn Sie nicht sogar lieber spazieren gehen? Setzen Sie Prioritäten und treffen Sie Entscheidungen. Benennen Sie konkrete Quellen, die Sie bis auf weiteres erst einmal schließen werden. Hier und da könnte es Ihnen helfen, eine Auswahl zu treffen, wenn Sie sich die folgenden drei Fragen mit unterschiedlicher Betonung stellen:

- **MUSS** ich mir das so oft antun?
- Muss **ICH** mir das so oft antun?
- Muss ich mir das **SO OFT** antun?

Alternativ könnte auch dieses Set Sie unterstützen:
- **BRAUCHE** ich die Details?
- Brauche **ICH** die Details?
- Brauche ich **DIE DETAILS**?

Den nächsten Schritt ahnen Sie wahrscheinlich schon: Was müsste passieren, damit sich die Störquellen, die Sie ausgewählt haben, möglichst bald schließen? Was konkret wollen Sie dazu tun? Gibt es krea-

> Der große Mann eilt seiner Zeit voraus, der Kluge kommt ihr nach auf allen Wegen. Der Schlaue beutet sie gehörig aus, der Dummkopf stellt sich ihr entgegen.

[Eduard von Bauernfeld | *österreichischer Schriftsteller*]

tive Lösungen, zum Beispiel Zusammenfassungen und Protokolle, die Sie lesen könnten, anstatt selbst vor Ort zu sein? Sammeln Sie entsprechende Aufträge an sich selbst und kalkulieren Sie die benötigte Zeit. (Über-)Tragen Sie die Aktivitäten bitte in Ihr Zeitbuch auf die Aktivitätenliste des Tages, an dem Sie diese erledigen möchten.

10 Minuten Tagesrückschau

Dass Arbeitsbereich und Privatbereich sich nicht so ohne weiteres trennen lassen, ist Ihnen wahrscheinlich heute besonders aufgefallen, oder? Zu oft beschäftigen uns die vielfältigen gehörten oder gesehenen Informationen noch über den Feierabend hinaus, oft sogar bis weit in die Nacht und manchmal sogar bis weit in den nächsten Tag hinein. Umso bedeutungsvoller mag der heutige Tag und die Bearbeitung Ihres Tages-Jobs für Sie gewesen sein.

Ist es Ihnen gelungen, zeitfressende wenn auch eventuell liebgewonnene Störquellen in Ihrem Alltag aufzudecken und erste Aktivitäten zu entwickeln, um sich endgültig davon zu befreien? Halten Sie doch bitte zum Abschluss des Tages Ihre Erkenntnisse und Erfahrungen wieder auf Ihrem Rückschaubogen fest.

Wochenrückschau

Halten Sie kurz inne, um die vergangene Woche im Rückblick noch einmal Revue passieren zu lassen. Stellen Sie sich im Geiste auf die Zeitwaage. Zum einen wird Ihre Zeit jetzt knapper denn je sein, denn das Vier-Wochen-Programm mit seinen täglichen Aufgaben und die Rolle des Beobachters beanspruchen einiges an Zeit. Vielleicht erinnern Sie sich aber an dieser Stelle noch einmal daran, dass diese vier Wochen eine Investition sind. Sie stecken (zusätzliche)

Energie und Zeit in Ihre persönliche Entwicklung, um mittel- und langfristig davon zu profitieren. Zum anderen fangen erste Erkenntnisse bereits an Wirkung zu zeigen. Allein die Tatsache, dass Sie sich aktiv mit Ihrem Zeitmanagement auseinandersetzen, bewirkt schon jetzt positive Veränderungen.

Prüfen Sie also anhand der Vorlage »Rückschau erste Woche«, inwieweit Sie die Ziele der Woche für sich erreicht haben. Wenn Sie das Gefühl haben, dass Sie einzelne Aufgaben und Aspekte noch einmal genauer bearbeiten möchten, empfehle ich Ihnen, die erste Woche einfach zu wiederholen. Beginnen Sie die Wiederholung mit dem Tag, an dem Sie noch nicht ganz zufrieden mit sich waren, und arbeiten Sie sich von da aus dann tageweise weiter vorwärts.

Ihr Zeitgewinn in dieser Woche

Dass Sie in Ihrer ersten Woche schon Zeitgewinne verbuchen konnten, wird Ihnen wahrscheinlich gar nicht leicht fallen zu erkennen. Es scheint so, als hätten Sie mehr denn je zu bearbeiten. Wahrscheinlich trügt dieser Eindruck jedoch: Sie sehen nur jetzt schwarz auf weiß, was alles ansteht, und reagieren viel konsequenter auf Störungen in Ihrem Plan. In der Summe, da bin ich sicher, können Sie bereits erste Zeitgewinne vorweisen. Meine Rechnung für die Woche sieht so aus: »Informationssender« Internet beziehungsweise Medien einschränken: 75 Minuten, Aktivierung Ihres Ehrgeizes, in der geplanten Zeit zu bleiben: 50 Minuten, nur fünf »Monogespräche« oder Pläuschchen am Rande weniger: 70 Minuten, schnelles Finden von Unterlagen in der temporären Ablage: 50 Minuten, effektiveres Arbeiten durch Konzentration auf die derzeitige Arbeit (alle weiteren Aufgaben sind im Zeitbuch gespeichert): 25 Minuten, Streichen eines Termins, der nicht überlebenswichtig ist: 30 Minuten. Das ergibt zusammengezählt bereits gut fünf Stunden für die erste Woche.

Wie sieht Ihre Rechnung aus? Auf wie viele Stunden kommen Sie? Und was haben Sie mit Ihrem Zeitgewinn gemacht? Wie fühlt es sich an, alle Aktivitäten im Griff zu haben?

TIPP DER WOCHE

Kraftquellen aktivieren

→ Während des laufenden Alltagsgeschäfts Neues auszuprobieren und einzuüben ist an sich schon Herausforderung genug. Menschen mögen Veränderungen in der Regel nicht, alles in einem sträubt sich, aus der bekannten »Komfortzone« herauszukommen. Die Kunst ist, jetzt konsequent für sich selbst zu sorgen. Sammeln Sie Ihre Kraftquellen, auf die Sie bei Bedarf zurückgreifen können, um sich selbst (wieder) zu motivieren und Energie zu tanken. Lesen Sie dazu die Rubriken in Ihrer Kopie der »Kraftquellen« (→ Seite 139) in Ruhe durch und sammeln Sie jeweils mindestens fünf Ideen. Ihnen fällt spontan nicht so viel ein? Damit sind Sie nicht allein. Wann haben Sie das letzte Mal darüber nachgedacht, was Sie zu Ihrer Erheiterung, zur Entspannung, zur Beruhigung, zum Energie aufladen, nur für sich selbst tun könnten? Vielleicht hilft es Ihnen bei der Suche, sich an glückliche Momente zu erinnern. Wer war dabei, wann fühlten Sie sich ermutigt, wer oder was tut Ihnen gut? Also, sinnen Sie darüber nach und halten Sie Ihre Ideen eine nach der anderen sofort auf Ihrer Liste »Kraftquellen« in Ihrem Zeitbuch fest.

Die Woche
der Ziele

→ ZUKUNFT – DAS IST DIE ZEIT, IN DER DU BEREUST, DASS DU DAS, WAS DU HEUTE TUN KONNTEST, NICHT GETAN HAST! [unbekannt]

Was könnten Sie heute tun, um morgen zu sein, wer Sie sein möchten? Entwerfen Sie Ihre persönliche Zukunftsstrategie und schmieden Sie konkrete Pläne, diese zu verfolgen.

Den eigenen Aktivitäten Richtung geben

Kennen Sie die Geschichte von dem Mann, der im Wald einem Holzfäller begegnet? Er beobachtet den Holzfäller, der mit seiner Säge mühsam dicke Baumstämme bearbeitet, eine Weile. Schließlich ruft er dem Schweißgebadeten zu: »Halt ein! Lass mich Deine Säge schärfen und Du wirst sehen, die Stämme sind im Nullkommanichts zersägt!« Und was antwortet der Angesprochene? »Nein, das geht nicht! Keine Zeit!« Haben Sie sich auch schon einmal wie der Holzfäller gefühlt? Sie rotieren und arbeiten ohne Unterlass und dann kommt zu allem Überfluss auch noch jemand mit einem guten Ratschlag wie »Du arbeitest zu viel! Mach doch mal eine Pause!« daher. Sieht denn derjenige nicht, wie viel Sie zu tun haben? Wahrscheinlich antworten Sie dann: »Wie denn? Dann schaffe ich das hier alles überhaupt nicht mehr!« – oder so ähnlich. Kurzum, die meisten von uns werden dann und wann zu Holzfällern, besonders, wenn die Säge stumpf geworden ist und wir den Überblick verloren haben. Aber was kann man aus der Geschichte des Holzfällers mit der stumpfen Säge lernen?

1 Zum einen, dass es oft effektiver ist, innezuhalten und Zeit in die Verbesserung seiner Werkzeuge zu investieren, als sich mit einer stumpfen Säge weiter voranzuquälen. Den ersten Schritt dazu haben Sie bereits gemacht, Sie haben das Karussell (→ Seite 10 f.) angehalten und sind nun bereits dabei, Ihre Werkzeuge zu pflegen. Indem Sie vier Wochen in die Optimierung Ihres Zeitmanagements investieren, schärfen Sie Ihre persönliche »Säge«. Herzlichen Glückwunsch!

② Zum anderen lehrt die Geschichte, dass es für jede Aktivität ein geeignetes Werkzeug gibt. »Geeignetes Werkzeug« kann, auf eine Bürotätigkeit übertragen, sowohl tatsächliche Gegenstände wie zum Beispiel Büromaterialien, EDV-Anlage und Software, Organisationshilfen und Ablagesysteme, aber auch Verrichtungen wie zum Beispiel telefonieren, schreiben, sprechen, vereinbaren, delegieren sein. Die richtigen Werkzeuge auszuwählen, ist für das eigene Zeitbudget sehr wichtig. Seine Werkzeuge einsatzbereit zu halten, ist es jedoch nicht minder. Machen auch Sie Ihr persönliches Zeitmanagement zu einem gut gepflegten, effizienten Werkzeug, das Sie geübt und gezielt für Ihr persönliches Fortkommen einsetzen können.

③ Zum dritten kann man der Geschichte entnehmen – und das ist am wichtigsten –, dass ohne ein Ziel jedes Tun reine Zeitverschwendung ist. Einfach drauflos zu sägen (oder in diesem Fall: zu arbeiten), ohne zu wissen, warum man etwas tut und wie man es erreichen will, macht keinen Sinn. Nicht einmal Zeitmanagement macht ohne eine klare Vorstellung davon, wofür man es betreibt, Sinn und ist streng genommen Zeitverschwendung. Sinnloses Tun kostet Lebenszeit, bringt Ihnen aber nichts: keine Freude, keine Entspannung, kein Glück, keine Anerkennung, keinen Gewinn – und vor allem: Es bringt Sie Ihren Zielen und Visionen keinen Schritt näher. Ein krasses Beispiel erlebte ich vor einigen Jahren in einem meiner Seminare. Nach einem intensiven Tag »Zeitmanagement«, an dem die Teilnehmer viele Methoden und Techniken erlernt, erprobt und diskutiert hatten, überraschte mich ein Teilnehmer mit der Frage: »Nun kann ich so viel Zeit pro Tag gewinnen, aber was soll ich mit der ganzen zusätzlichen Zeit anfangen?«

Mit dieser Äußerung wurde der Sinn der Teilnahme an dem Seminar fragwürdig. Die Frage des Herrn lässt darauf schließen, dass mehr freie Zeit nicht sein Ziel war. Damit Sie nicht aus Versehen ankommen, wohin Sie nie wollten, wenden wir uns in dieser Woche Ihren Zielen zu.

WOCHENZIEL

Was ich erreichen kann

→ Ihre zweite Diätwoche werden Sie Ihren persönlichen Vorstellungen von dem, was Sie erreichen möchten, widmen. Sie können viel Zeit gewinnen, indem Sie die verschiedenen Rollen, die Sie im Berufsalltag ausüben, überprüfen und Ihren Vorstellungen anpassen. Ihre persönlichen Wünsche und Visionen in klare, erreichbare Ziele zu fassen, ist die große Herausforderung des zweiten und dritten Tages. Daran anschließend werden Sie lernen, konkrete Aktivitäten und Meilensteine für das Erreichen Ihrer Ziele zu formulieren. Am Ende der Woche werden Sie dann für sich einen klaren, realistischen Arbeitsplan für die kommenden Wochen erarbeitet haben. Damit sind die wichtigsten Schritte auf dem Weg zu einem auch langfristig effektiveren Zeitmanagement getan.

Tag 1: Abschied nehmen und einen Neubeginn wagen

Laufen Ihnen auch manchmal Menschen über den Weg, die unglaublich viel zu schaffen scheinen, extrem erfolgreich und dabei immer noch gelassen sind? »Woher nehmen die bloß die Zeit und die Energien?« werden Sie sich vielleicht schon gefragt haben. Nun, eine Antwort könnte sein, dass diejenigen sich auf Rollen, die ihnen wichtig sind, konzentrieren. Gleichzeitig haben sie sich wahrscheinlich bewusst gegen andere zeitintensive Rollen entschieden. Wenn Sie Ihre eigenen täglichen und wöchentlichen Rollen und Funktionen einmal detailliert in einer Liste zusammentragen, wird diese wahrscheinlich recht lang werden. Das heißt, auch Sie schaffen einiges, haben Erfolge. Jede einzelne Ihrer Funktionen beinhaltet vielfältigste Tätigkeiten und jede Tätigkeit braucht Zeit aus Ihrem täglichen Zeitbudget. Es ist nicht die eine große Aktion des Tages, die das Gefühl von Zuviel und

Stress in Ihnen hervorruft, sondern die Summe all der kleinen Zeiteinheiten, die Sie für die unzähligen Funktionen, die Sie ausüben, aufbringen. Und um aus diesem Gefühl von zu viel, zu schnell, zu hektisch herauszukommen, gibt es meiner Ansicht nach nur zwei Möglichkeiten: In der gleichen Zeit mehr erledigen oder weniger in der gleichen Zeit tun. Die erste Alternative zeigt zwar kurzfristig Erfolge, aber Sie bezahlen eventuell nicht nur mit Ihrer Gesundheit dafür. Die zweite Alternative bringt langfristigere Erfolge und ist Ihrem Wohlbefinden um einiges zuträglicher.

Im Rahmen Ihres Vier-Wochen-Programms lernen Sie viele Methoden, Techniken, Tipps und Tricks kennen, die Sie dabei unterstützen, Ihre Funktionen und Tätigkeiten effizienter zu gestalten. Daneben ist es aber auch wichtig, Ihre Funktionen und Rollen, Ihre Tätigkeiten und Gewohnheiten auszumisten. Viele der täglichen Handlungen und Verpflichtungen sind Ihnen mit der Zeit vielleicht zur Gewohnheit geworden und Sie hinterfragen sie mittlerweile nicht mehr. Sie schreiben sie im besten Fall auf Ihre Aktivitätenliste, versehen sie mit einem wahrscheinlichen Zeitverbrauch und arbeiten sie irgendwann im Laufe des Tages ab. Dabei bieten gerade diese kleinen Tätigkeiten ein enormes Zeitgewinnpotenzial.

Was wäre, wenn Sie zum Beispiel das Lesen der Fachpublikationen, die sich täglich in Ihrem Posteingang stapeln, auf die für Sie wirklich relevanten reduzieren würden? Oder einmal ganz mutig gedacht: Was wäre, wenn Sie überhaupt aus der Rolle des immer über tagesaktuelle Geschehnisse informierten Zeitgenossen aussteigen würden? Der durchschnittliche Bundesbürger verbringt 60 Minuten am Tag mit Zeitunglesen. Hier winken täglich 60 kostbare Minuten mehr Zeit für Sie! Sicher werden Sie gute Argumente finden, warum Sie unbedingt Zeitung lesen sollten, und eventuell auch dafür, warum die durchschnittlichen 2,5 Stunden Fernsehen jedes Bundesbürgers pro Tag für Sie unverzichtbar sind. Vielleicht gehören Sie zu den sehr wenigen

Menschen, die wirklich Glücksgefühle beim Zeitunglesen entwickeln. Aber seien wir ehrlich, dass wir uns nicht so leicht von einer gewohnten Rolle verabschieden mögen, liegt eher an Folgendem: Jede Entscheidung hat einen Preis. Nicht unbedingt einen materiellen Preis, aber auf jeden Fall einen Gegenwert, auf den wir bereit sind zu verzichten – oder eben auch nicht. Der »Preis« für Nicht-täglich-Zeitunglesen heißt vielleicht »manchmal uninformiert neben den Kollegen stehen«, »nicht den neuesten Klatsch und Tratsch wissen« oder »keinen Beitrag zum Austausch der neuesten Börsenskandale liefern können«. Vielleicht kommt Ihnen beim Lesen dieser Zeilen auch in den Sinn, dass Sie Ihr Abonnement ja schon für ein Jahr im Voraus bezahlt haben, und es nun wirklich Geldverschwendung wäre, jetzt die Zeitung nicht mehr zu lesen. Wirklich? Wären 60 Minuten täglich zugunsten einer Ihrer Lieblingstätigkeiten nicht diesen Preis wert?

Sie können anstatt des banalen Beispiels des Zeitunglesens beliebige andere Funktionen wie Mitglied in einem Gremium (Betriebsrat, Innovationsgruppe…) oder Projektleiter für bestimmte Zusatzaufgaben aus Ihrem Berufsleben wählen. Letztendlich sind die Fragen immer wieder dieselben: »Ist mir dies oder jenes wirklich meine kostbare Zeit wert?« »Was wäre der Preis, wenn ich es ließe?« und »Wäre mir mehr Zeitreichtum nicht doch vielleicht diesen Preis wert?«

Alles hat seine Zeit. Abschied und Neubeginn lösen einander ab. Nur durch Abschiednehmen kann man sich neue – auch zeitliche – Freiräume erschließen. Wenn Sie es schaffen, sich von einigen überholten Rollen und zeitfressenden Funktionen zu trennen, werden Sie viel Zeit gewinnen. Sie könnten diese einfach in Müßiggang genießen oder aber sie für Ihnen aktuell wichtige Anliegen einsetzen und die Funktionen, die übrig geblieben sind, intensiver, gelassener und mit mehr Freude ausfüllen. Seine Funktionen und Rollen auszumisten hat einen ähnlichen Effekt wie das Ausmisten des Kellers oder des Kleiderschranks: Es schafft gefühlte Frei-Räume und Raum für Neues!

TIPP

Love it, leave it or change it

→ Ein geflügeltes Wort aus den USA sagt: »Love it, leave it or change it«. Ich verstehe das so: Wenn Sie sich für etwas entscheiden, dann tun Sie es richtig, mit ganzem Herzen und mit vollem Einsatz. Wenn Sie sich gegen etwas entscheiden, dann lassen Sie es los, lassen es an sich vorbeiziehen, verabschieden sich innerlich und äußerlich. Wenn Sie sich aber entscheiden etwas zu tun, was Ihnen nicht hundertprozentig zusagt, dann sorgen Sie dafür, dass es Ihnen zusagt. Verändern Sie es im Rahmen Ihrer Möglichkeiten, bis Sie es mit ganzem Herzen bejahen und ausführen können.

Job des Tages

Der Job des Tages ist heute, sich eine Übersicht Ihrer Rollen und Funktionen zu erarbeiten. Dazu benötigen Sie eine Reihe farbiger Stifte, einige Bögen Blankopapier und eventuell einige Klebestreifen. Ich empfehle Ihnen mit der Mind-Mapping-Technik zu arbeiten. Diese Methode eignet sich hervorragend, um Ideen zu entwickeln und jederzeit problemlos Nachträge in bestehende Sammlungen einzufügen, ohne in dem üblichen Chaos ausschließlich starrer Listen zu versinken. Beginnen Sie, indem Sie in die Mitte des ersten Blattes das Thema der Mind Map (in diesem Fall Ihren Namen) schreiben. Für jeden Gedankengang eröffnen Sie ausgehend davon einen neuen Ast, von dem wiederum beliebig viele Unterverästelungen abzweigen. Auf jeden Ast schreiben Sie – der Lesbarkeit wegen in Großbuchstaben – ein Stichwort zu dem entsprechenden Gedankengang.

Heute geht es um die verschiedenen Rollen, die Sie zurzeit in Ihrem Beruf ausfüllen. Überlegen Sie, welche das sein könnten, und tragen Sie sie in Ihre Mind Map ein. Zeichnen Sie also beispielsweise einen Ast für Ihre Rolle der Abteilungsleiterin, die der Mitfahrgelegenheit für eine

Kollegin, der Ausschussvorsitzenden für Qualitätssicherung, der Mentorin … ein. Gehen Sie Ihren Arbeitsalltag Stück für Stück durch und halten Sie alle Ihre Funktionen und Rollen fest, die Sie finden können. Hier und da wird es sich anbieten, weitere Unteräste an größere Äste anzufügen. In der Funktion der Abteilungsleiterin füllen Sie wahrscheinlich verschiedene Unter-Rollen aus, beispielsweise die der Vorgesetzten, der Kollegin, der Berichterstatterin, der Arbeitsverteilerin, der Organisatorin … Spannend ist auch, die Mind Map – zumindest im Groben – um die Lebensbereiche Freizeit sowie Familie/soziales Umfeld, also um Ihre Rolle als Elternteil, Partner, Nachbarin und so weiter, zu ergänzen. Es geht bei dieser Aufgabe zwar in erster Linie um Ihre beruflichen Rollen und Funktionen, aber die berufliche Arbeit ist schließlich nur ein Teil Ihres Lebens – und vergessen Sie dabei Ihre Rolle als Schlafende/Schlafender nicht! Erreichen Sie den Rand Ihres Blattes, kleben Sie einfach ein weiteres Blatt an. Auf diese Weise kann Ihre Mind Map in jede Richtung weiterwachsen.

- Als Nächstes versuchen Sie abzuschätzen, wie viel Zeit Sie pro Woche für jede Rolle brauchen. Für diese Abschätzung lassen Sie die Tätigkeiten, die Sie in der jeweiligen Funktion ausführen, vor Ihrem geistigen Auge an sich vorbeiziehen und addieren die dafür erfahrungsgemäß benötigte Zeit. Arbeiten Sie von außen nach innen und beginnen Sie mit den feinen Unterästen. Benutzen Sie einen farbigen Stift, um die Zeiten an den entsprechenden Ästen zu notieren.
- Um beim Beispiel der Abteilungsleiterin zu bleiben: In der Rolle der Vorgesetzten werden Sie bestimmte Tätigkeiten ausführen. Das nimmt zirka 15 Stunden pro Woche in Anspruch. Als Kollegin nehmen Sie unter anderem an Besprechungen teil und führen auch einmal ein persönliches Gespräch, alles in allem verwenden Sie etwa sechs Stunden pro Woche für diese Rolle. Als Mitfahrgelegenheit für eine Kollegin machen Sie täglich einen kleinen Umweg und warten auch schon mal, insgesamt veranschlagen Sie dafür täglich 15 Minuten, also pro

Woche eine Stunde und 15 Minuten. Wenn Sie die Zeiten für alle Unterfunktionen addieren, erhalten Sie das Zeitbudget für die übergeordnete Rolle. Versehen Sie Ihre »Mind Map der Rollen und Funktionen« auf diese Weise mit Zeitschildchen, bis Sie sich einmal rundherum gearbeitet haben. Machen Sie anschließend einen kleinen Zwischentest: Fünf Tage mal 24 Stunden ergibt ein Gesamtbudget von 120 Stunden. Wie viele Stunden pro Woche haben Sie laut Ihren Berechnungen noch über? Oder liegen Sie mit all Ihren Rollen schon über 120 Stunden pro Woche?

Im zweiten Teil der Tagesaufgabe kennzeichnen Sie mit einem anderen farbigen Stift die Funktionen und Unterfunktionen, an denen Sie wirklich Freude haben, in denen Sie Ihre Talente und Fähigkeiten optimal einsetzen können, in denen Sie wachsen und sich entwickeln möchten, in denen Sie dazulernen und neue Erfahrungen machen, die Sie neugierig machen und in die Sie gerne mehr Zeit und Kraft für bessere Ergebnisse investieren würden. Versehen Sie diese mit einem fetten Plus-Zeichen. Wenn Sie Ihre Mind Map auf diese Weise einmal durchgeprüft haben, zählen Sie die Zeiten für Funktionen, die Sie gerne ausüben, zusammen. Wie groß ist deren Anteil? Könnten Sie diesen Anteil vergrößern, indem Sie den Zeitanteil für ungeliebte, überholte und unwichtige Funktionen verringern? Um diese Frage zu beantworten, widmen Sie sich jetzt dem nächsten Teil der Aufgabe.

Teil drei der Aufgabe besteht darin, zu überprüfen, ob Sie sich von einigen Rollen und Funktionen verabschieden könnten. Machen Sie es sich diesmal leicht. Nehmen Sie wiederum einen andersfarbigen Stift und versehen Sie alle Funktionen, die Ihnen keine Freude mehr machen, die Sie aus Gewohnheit oder Pflichtgefühl weiter übernehmen, bei denen Sie nichts lernen können, die Sie nicht in irgendeiner Weise bereichern, die Ihnen eigentlich nicht mehr wirklich wichtig erscheinen, in denen Sie nicht richtig gut sind und es auch nicht so recht werden wollen mit einem fetten roten Minuszeichen. Lernen Sie im Qualitätssicherungsausschuss wirklich noch etwas dazu, oder braucht man nur irgendeinen, der die Arbeit erledigt? Ist das Treffen mit Ihrer Kollegin zum Mittagessen wirklich eine Bereicherung? Könnten Sie die eine oder andere Funktion und die damit verbundenen Aufgaben nicht eventuell auch delegieren? Gehen Sie intuitiv und beherzt vor und arbeiten Sie sich zügig durch Ihre Mind Map. Denken Sie nicht daran, wer in Ihrem Umfeld alles entsetzt, enttäuscht oder beleidigt sein könnte, wenn Sie die Funktion abgeben würden. Denken Sie an sich selbst und vertrauen Sie Ihrem Gefühl.

Zählen Sie anschließend die Zeiten zusammen, die Sie gewinnen würden, wenn Sie diese Minus-Funktionen tatsächlich nicht mehr selbst übernähmen. Wie sähe Ihr Wochenzeitbudget dann aus? Wie viel Zeit könnten Sie Ihren Plus-Funktionen zusätzlich widmen? Vermerken Sie den errechneten möglichen Zeitgewinn in Stunden und Minuten. Wie viel Zeit hätten Sie übrig, um eventuell eine ganz neue Rolle auszuprobieren, eine Funktion zu übernehmen, die Sie sich schon immer gewünscht haben, etwas, das in Ihrem Leben bisher keinen Platz fand? Gönnen Sie sich ein wenig Übermut und notieren Sie diese neue Funktion gleich jetzt in Ihre Mind Map und versehen Sie sie mit einem Plus-Zeichen und einem wöchentlichen Zeitbudget!

Damit dieser Wunsch allerdings auch tatsächlich Realität werden kann, müssen Sie sich die nötigen Zeitfreiheiten schaffen. Fertigen Sie deshalb im vierten Teil der Aufgabe eine Liste all der Rollen und Funktionen an, von denen Sie Abschied nehmen möchten. In der Spalte daneben notieren Sie jeweils, was passieren muss, damit Sie baldmöglichst von dem daraus resultierenden Zeitgewinn profitieren können. Denken Sie einfach und direkt: »Was kann ich aktiv tun, um aus dieser Funktion so schnell und effizient wie möglich herauszukommen?« Formulieren Sie die nötige(n) Aktivität(en), versehen Sie diese jeweils mit einer Zeiteinschätzung und übertragen Sie diese zum Abarbeiten in Ihre Aktivitätenliste.

Wann wird das Abschiednehmen von alten Funktionen und Rollen das erste Mal Wirkung zeigen? Werden Sie schon in dieser Woche oder eventuell erst in der nächsten Woche oder im nächsten Monat die bisher für alte Funktionen benötigte Zeit übrig haben? Und wie viel Zeit wird das sein? Schauen Sie in Ihre Mind Map, in der Sie die benötigte Zeit pro Woche für jede Funktion notiert haben. Motivieren Sie sich selbst zum mutigen Abschiednehmen, indem Sie sich den entstehenden Zeitreichtum vor Augen führen. Räumen Sie sich in den nächsten Tagen ruhig eine Zeit des Abschiednehmens ein, aber machen Sie Ihre Entscheidung nicht rückgängig. Genießen Sie das Gefühl, ausgemistet zu haben, und packen Sie die Umsetzung entschlossen an!

10 Minuten Tagesrückschau

Mit dem beherzten Aussortieren von überholten Rollen und dem Abschied von zeitfressenden Funktionen haben Sie heute begonnen, sich Raum für Neues zu schaffen. Ihnen ist klar geworden, was Sie nicht mehr wollen. Nutzen Sie den Rückschaubogen, um den Tag und die Arbeit an Ihrer Aufgabe zu reflektieren. Morgen werden Sie sich mit Ihren Wünschen beschäftigen – eine sehr spannende Angelegenheit.

Tag 2: Am Anfang immer auch das Ende im Sinn haben

Was wollen sie eigentlich? Diese Frage ist durchaus ernst gemeint: Wovon träumen Sie? Was bewegen Sie durch Ihre Arbeit und Ihren Einsatz? Dutzende, eventuell schon ein- bis zweihundert erledigte und noch abzuarbeitende Aktivitäten füllen inzwischen Ihre Aktivitätenlisten. Können Sie spontan sagen, wohin Sie das alles führen soll? Wenn Sie wissen, wofür Sie etwas tun, welche Ziele Sie erreichen wollen, und wenn Sie Ihre Vorstellungen für Ihr Leben Schritt für Schritt verwirklichen, dann stellt sich ein Hochgefühl ein, dass weit über einfach nur

»effizientes Zeitmanagement« hinausgeht. Sie erleben sich als aktiven, bewussten Gestalter Ihres Lebens beziehungsweise Ihrer Lebenszeit. Über die Jahre bin ich immer wieder Menschen begegnet, die offensichtlich in einer Art Zeitreichtum lebten. Entgegen dem in unserem Jahrhundert gesellschaftlich anerkannten Diktat, auf keinen Fall Zeit zu haben, verfügten diese Menschen über Zeit – wenn sie wollten. Ich beobachtete, dass sie meist auch sehr souverän und klar Ihre Visionen und Ziele benennen konnten. Sie wussten, warum sie etwas tun, was sie erreichen wollen und wie sie es erreichen wollen, und sie schienen oft ihren Mitmenschen einen Schritt voraus zu sein. Dies lässt sich sicherlich nicht mit noch effizienterem Zeitmanagement allein erreichen. Um dauerhaft das Gefühl von Zeitreichtum zu erlangen, sollten Sie sich unbedingt darüber klar werden, was Ihnen alles für das eigene Glück und Wohlbefinden NICHT WICHTIG ist. Vor allem sollten Sie aber auch wissen, was Ihnen statt dessen WICHTIG ist. Als Erstes gilt es also, Verantwortung für sich selbst zu übernehmen und eine Vorstellung davon zu entwickeln, was Sie wirklich wollen. Wie sieht Ihre Vorstellung von einem erstrebenswerten Arbeitsplatz aus? Wie sollte Ihr Arbeitsumfeld sein? Welche Art von Kollege oder Führungskraft wollen Sie sein? Wie soll Ihr Alltag aussehen?

Job des Tages

Um sich darüber klar zu werden, wohin Ihr Weg Sie letztendlich führen soll, verschaffen Sie sich heute bitte eine Auszeit von mindestens zwei Stunden. Suchen Sie sich einen ruhigen Ort, an dem Sie sich wohlfühlen und wenig Ablenkung Sie erreicht. Eventuell gehen Sie eine Stunde früher zur Arbeit, um in Ihrem Büro ungestört sein zu können. Nutzen Sie vielleicht die Mittagspause und die letzte Stunde Ihres Arbeitstages. Wenn Sie sich während des Tages nicht ausreichend damit beschäftigen können oder nicht weit genug kommen, setzen Sie die Arbeit an dieser Aufgabe nach Möglichkeit in Ihrer Freizeit fort.

Falls Sie keinen ruhigen Ort in Ihrem Umfeld finden, gehen Sie in die nächste Bibliothek oder in ein Museum und arbeiten Sie dort. Die intensive Bearbeitung der Aufgabe ist äußerst wichtig für Ihr weiteres Fortkommen in Ihrem Vier-Wochen-Programm.

1 Nehmen Sie ein leeres Reserveblatt aus Ihrem Zeitbuch und legen Sie Ihren Stift bereit. Schließen Sie die Augen. Machen Sie einen Sprung in die Zukunft, vielleicht 10, 20 oder 30 Jahre von heute an. Nun stellen Sie sich vor, Sie nähmen an einer Feierlichkeit teil. Sie betreten einen prachtvollen Saal in dem sich bereits viele Menschen befinden. Erstaunt stellen Sie fest, dass Sie selbst es sind, zu deren/dessen Ehren sich alle Anwesenden versammelt haben. Es sind verschiedene Festredner zu diesem besonderen Anlass angekündigt: ein Kollege, Ihr Vorgesetzter, einer Ihrer besten Kunden… Sie sehen den Reden mit Freude und Neugier entgegen, denn Sie wissen, dass alle Redner Ihnen wohl gesonnen sind und aufrichtig über Sie sprechen werden. Einer nach dem anderen tritt nun an das Rednerpult und gibt seiner Wertschätzung, Bewunderung, seinem Respekt Ausdruck, beschreibt seine Beziehung zu Ihnen und berichtet von Ihren herausragenden Eigenschaften und Leistungen in den letzten Jahren beziehungsweise Jahrzehnten – jeweils aus seiner Sicht. Konzentrieren Sie sich. Hören Sie aufmerksam zu und schreiben Sie mit. Notieren Sie einfach hintereinanderweg alles, was Sie die Redner »im Geiste sagen hören«. Kümmern Sie sich nicht um Rechtschreibung, Formulierungen oder gar Schönschrift. Lassen Sie auch die kritischen Bemerkungen der Redner zu. Schreiben Sie alles auf und füllen Sie großzügig mehrere Seiten, bis alle Festredner zu Wort gekommen und alle Festreden erfasst sind. Lehnen Sie sich zurück und genießen Sie für einen Augenblick die Fülle dessen, was die Redner über Sie zu sagen wussten.

Nun machen Sie sich an die Arbeit, aus den festgehaltenen Reden Ihre Wünsche und Visionen für Ihr Leben zu entwickeln. Die Festredner stehen dabei für die Rollen, die Sie täglich ausfüllen. Sie werden beim

Lesen Ihrer Notizen feststellen, dass Ihre unterschiedlichen Rollen Gemeinsamkeiten aufweisen, einfach dadurch, dass Sie selbst, Ihr Charakter, Ihre Prinzipien und Ihre Werte immer dieselben sind. Ihre Grundeigenschaften durchziehen die unterschiedlichsten Rollen und sind nur schwer manipulierbar. Beeinflussen können wir allerdings die Gewichtungen und unsere Handlungen, die wir vornehmen, um Vorstellungen von uns selbst zu verwirklichen.

2 Gehen Sie dazu jetzt Ihre Mitschrift der ersten Festrede noch einmal in Ruhe durch und suchen Sie dort Antworten auf die folgenden Fragen und halten Sie diese in Stichworten fest:

→ Welche Art von Mensch wird beschrieben?
→ Welchen Charakter beschreibt der Redner?
→ An welche Ihrer Beiträge, Erfolge und Leistungen erinnert seine Festrede?
→ Welche Art von Beziehung besteht zwischen Ihnen und diesem Redner?
→ Was wurde als Ihnen persönlich wichtig hervorgehoben?
→ Was schätzt derjenige besonders an Ihnen?
→ Werden kritische Aspekte genannt?

Wiederholen Sie die Beantwortung der Fragen für jede Festrede – Sie wissen, dass Sie damit sich selbst in jeder Ihrer Rollen beschreiben. Hier und da werden Sie vielleicht feststellen, dass die Festreden auch Verhaltensweisen und Züge an Ihnen, dem Ehrengast, beschreiben, die Ihnen nicht gefallen. Schenken Sie auch diesen Aufmerksamkeit. Was gefällt Ihnen daran nicht? Wie wären Sie lieber? Korrigieren Sie die Festrede an diesen Stellen, streichen und ersetzen Sie behutsam die entsprechenden Passagen in Ihren Notizen.

Achten Sie darauf, dass SIE mit Ihren Festreden zufrieden sein müssen, nicht Ihr Chef, nicht Ihre Kollegen. Sie sollten Ihre ureigensten Wünsche und Träume, Ihre persönlichen Vorstellungen von sich selbst und Ihrem Sein im Leben wiedergeben, nicht die von anderen.

TIPP

Schreiben, schreiben, schreiben

→ Gönnen Sie sich für diese Tagesaufgabe bewusst viel Papier. Notieren Sie Gedanken, erste, zweite und dritte Versionen, streichen Sie, formulieren Sie neu, fassen Sie zusammen. Schreiben verbindet unser Bewusstsein mit unserem Unterbewusstsein. Im Schreiben fangen unsere Gedanken an zu fließen. Das schriftliche Formulieren zwingt dazu, in Worte zu fassen, was nur im Nebel in unserem Kopf herumgeistert. Schreiben verhilft zu Klarheit der Gedanken und Gefühle.

3 Im dritten Schritt formulieren Sie Ihre Antworten und Notizen über sich selbst in Zukunftsvisionen um. Beginnen Sie die Sätze mit »Ich…« und vermeiden Sie unbedingt Verneinungen. Sagen Sie zum Beispiel »Ich bin meinen Kollegen ein freundlicher und verbindlicher Partner.« anstatt »Ich möchte nicht unfreundlich sein und keine Vereinbarungen brechen.« Lassen Sie keinen Zweifel daran aufkommen, dass diese Zukunftsvision einmal Realität sein wird. Schreiben Sie in der Gegenwartsform. Notieren Sie auf diese Weise in maximal fünf Sätzen was Ihnen in jeder Rolle wichtig ist, wie Sie sein wollen, welche Werte Sie vertreten, was Sie erreichen wollen, worauf es Ihnen dabei ankommt. Wenn Sie diese Aufgabe sehr sorgfältig angehen, werden Sie erkennen, was für Sie persönlich Erfolg bedeutet.

4 Stehen Sie nun auf, strecken Sie sich und stellen Sie sich gerade hin. Lesen Sie sich Ihre Zukunftsvisionen laut (!) vor. Horchen Sie in sich hinein: Wie fühlt es sich an, eine Vorstellung von sich selbst in der Zukunft klar vor Augen und in den Ohren zu haben? Manche meiner Seminarteilnehmer erschrecken an dieser Stelle, weil Sie sich ungewohnt leicht fühlen. Andere berichten von einer inneren Stimme, die entzückt »Ja, ja, ja« ruft. Manchmal beobachte ich aber auch, dass die Vorlesenden Stück für Stück in sich zusammensinken oder immer leiser werden, während sie sprechen. Oft ist dies ein Zeichen dafür, dass das, was sie im Innersten wollen, nicht mit dem übereinstimmt, was sie sagen. Zum Beispiel beschreibt sich jemand in seiner Rolle als Vorgesetzter als geduldig. Aber während er dies ausspricht, zieht er den Kopf ein. Die Frage ist, ob er wirklich geduldig sein will und darauf hinarbeiten möchte. Oder aber er erachtet Geduld eigentlich als für sich unwichtig und hat diese Fähigkeit nur als Wunsch notiert, weil er weiß, dass geduldig sein den gängigen Vorstellungen einer guten Führungskraft entspricht. Kurzum, sich selbst laut seine Vorstellungen vorzutragen, ist die Nagelprobe. Können unsere Zukunftsvisionen von uns selbst, von dem, was und wer wir sein möchten, vor uns bestehen? Oder erwischen wir uns hier bei einer Schwindelei? Falls Sie also Unstimmigkeiten wie Zaudern, das Versagen Ihrer Stimme oder ein Zusammensacken an sich bemerken, gehen Sie noch einmal an den Anfang der Tagesaufgabe zurück. Prüfen Sie, was Sie wirklich wollen, wer Sie sein wollen, wie Sie sein wollen. Verfeinern oder verändern Sie die jeweilige Formulierung solange, bis sie sich rundherum stimmig für Sie anfühlt und Sie voller Überzeugung sagen können: »Ja, genau das ist es, was ich will!«

5 Zum Abschluss heften Sie die kostbaren Zusammenfassungen Ihrer Zukunftsvorstellungen und die Redemitschriften zusammen, betiteln die oberste Seite mit »Zukunftsvorstellungen« und legen den Stapel in Ihrem Zeitbuch im alphabetischen Register unter »Z« ab.

10 Minuten Tagesrückschau

Mit der heutigen Tagesaufgabe haben Sie einen gewaltigen Schritt in Ihrem Vier-Wochen-Programm gemacht. Sie werden höchstwahrscheinlich körperlich und psychisch erschöpft sein, denn keine der vorangegangenen Aufgaben hat Sie so nah an Ihr innerstes Selbst geführt wie diese – und keine der folgenden wird das wieder so tun. Ich gratuliere Ihnen zu Ihren Ergebnissen und ermutige Sie, weiter an dieser Aufgabe zu arbeiten, falls Sie nicht ganz fertig geworden sind. Sie sollten jetzt einen frischen Tages-Rückschaubogen nehmen und ein Tagesresümee ziehen.

Tag 3: Welchen Weg soll ich denn nehmen?

»Agieren statt Reagieren« antwortete einmal ein Seminarteilnehmer, als ich zu Beginn des Tages fragte, was die Anwesenden denn unter Zeitmanagement verstünden. Diese drei Worte bringen Wesentliches auf den Punkt: Aktiv Entscheidungen zu treffen, welche Aktivitäten man erledigen und welche man meiden sollte, für was man Zeit aufwenden will und was wirklich wichtig für einen ist, macht Freude und bringt einen in die Position des Agierenden.

Reagieren führt auf Dauer zu Ohnmachtsgefühlen. Man hat keinen Einfluss auf das, was im eigenen Leben passiert. Man tut oder unterlässt, was die Umstände von einem vermeintlich verlangen. »Schön und gut«, werden Sie sagen, »aber was heißt agieren«? Agieren meint dreierlei: ein Ziel zu haben, sich zu entscheiden und seine eigenen Anliegen mit aller verfügbarer Energie, mit Mut und Disziplin zu verfolgen.

Wenn ich weiß, was ich will, dann kann ich auch etwas dazu tun, dass ich es bekomme. Wenn ich aber nicht weiß, was ich will, was soll ich dann tun? In dem Kinderbuch »Alice im Wunderland« finden wir hierzu einen schönen kleinen Dialog: »Welchen Weg soll ich denn nehmen?« fragt Alice an einer Stelle die Katze. »Wohin willst Du denn?« »Ich weiß es nicht.« »Dann ist jeder Weg der Richtige« antwortet die Katze. Voraussetzung für die aktive Ausübung einer Wahl, für das Entscheiden ist es, ein Ziel, ein Anliegen zu haben. Wir können uns nur in Hinsicht auf ein zu erreichendes Ziel für oder gegen eine Aktivität entscheiden. Ob eine Aktivität wichtig ist oder nicht, misst sich an Ihrem Beitrag zur Erreichung des Ziels. Kurzum: Ohne Ziel kein Weg, ohne Weg keine Schritte, ohne Schritte kein Ankommen. Oder, formuliert man es positiv: Ein Ziel, ein Weg, viele kleine Schritte, Erfolg. Dabei sind Ziele nicht »in Stein gemeißelt«. Ziele können sich verändern, Ziele kann man überarbeiten, Ziele müssen nicht perfekt formuliert sein. Es ist weitaus hilfreicher für unsere Entwicklung und für die Verwirklichung unserer Wünsche, wenige unperfekte Ziele zu haben als gar keine. Deshalb ist der heutige Tag der Erarbeitung Ihrer Ziele gewidmet. Apropos: Haben Sie schon Ziele für diese Woche, diesen Tag? Nicht Termine und Aktivitäten, sondern echte Ziele?

Job des Tages

Heute sollen Sie aus Ihren Vorstellungen des Vortags (→ Seite 47 ff.) konkrete Ziele entwickeln. Die Aufgabe »Ziele entwickeln« stellt immer eine echte Herausforderung dar, die nicht mal eben schnell nebenher erledigt werden kann und darf. Reservieren Sie sich deshalb ausreichend Zeit dafür, vor allem, wenn Sie sich bisher noch nie mit Ihren Zielen beschäftigt haben. Es lohnt sich!

Entnehmen Sie bitte Ihrem Zeitbuch die Seite(n), auf denen Sie die Zusammenfassungen Ihrer Zukunftsvorstellungen von sich selbst notiert haben. Legen Sie außerdem einige Kopien der Vorlage »Zielfindung« bereit. Lesen Sie Ihre Zukunftsvorstellungen aufmerksam durch. Wählen Sie fürs Erste eine aus, die Ihnen a) besonders am Herzen liegt und die b) nicht allzu komplex ist.

Fragen Sie sich nun: Was müsste passieren, damit dieser Wunsch Realität wird? Notieren Sie die Antwort und fragen Sie sich: Was müsste passie-

> **TIPP**
>
> **Was ist ein Ziel?**
>
> Ein Ziel ist ein Ziel, wenn es realistisch erreichbar ist, einen konkreten Termin enthält, bis zu dem das Ziel erreicht sein soll, und das Erreichen des Ziels messbar ist, man also erkennen kann, dass man es erreicht hat. Beispiele:
>
> → Drei Störungen weniger pro Tag, bis zum Ende dieses Monats.
>
> → Ablagesystem für unser Team, das jeder aktiv mitpflegt, bis zum Ende dieses Halbjahres funktionstüchtig und eingeführt.
>
> → Zehn für mich wichtige Ziele formuliert, bis heute Abend 22:00 Uhr

ren, damit das eben Notierte eintritt? Halten Sie auch diese Antwort in einem Satz fest und wiederholen Sie anschließend den Vorgang. Formulieren Sie in ganzen Sätzen und beginnen Sie diese mit »Ich …«. Das Beispiel von Frau Muster (→ Seite 56 f.) zeigt Ihnen exemplarisch, wie Sie dabei vorgehen können.

Jede Antwort auf die Frage »Was müsste passieren …« stellt dabei einen Meilenstein bei der Verwirklichung Ihrer Zukunftsvorstellungen dar. Nach zwei bis vier Wiederholungen sehen Sie dann einen Weg mit mehreren Meilensteinen vor sich. Überprüfen Sie diesen: Lesen Sie Ihre Antworten rückwärts und fügen Sie dazwischen jeweils ein »Dadurch wird folgendes möglich: …« ein. Sicher werden Sie jetzt verstehen, warum es so wichtig war, dass Sie sich in der vorangegangenen Tagesaufgabe sorgfältig Gedanken über Ihre Zukunftsvorstellungen gemacht haben, denn auf einer Leiter, die nicht an der richtigen Mauer steht, führt jede Sprosse einfach nur an den falschen Ort.

Wenn Sie sich für eine Ihrer Zukunftsvisionen Meilensteine erarbeitet haben, können Sie daraus jetzt erste Ziele entwickeln (→ Kasten, Seite 53). Nehmen Sie sich dazu die einzelnen Meilensteine von hinten beginnend vor und fragen Sie sich bei jedem dreierlei:

1 »Kann ich diesen Meilenstein erreichen?« Ist die Antwort »Ja«, vermerken Sie R wie **r**ealistisch in der Spalte rechts. Lautet Ihre Antwort »Nein« lesen Sie bitte den nebenstehenden Tipp.

2 »Woran werde ich erkennen, dass ich den Meilenstein erreicht habe? Wie sieht das Ergebnis aus?« Notieren Sie das messbare Meilensteinergebnis als Zielkriterium in der entsprechenden Spalte.

3 »Bis wann will ich den Meilenstein erreicht haben?« Behalten Sie dazu Ihr Zeitbudget im Blick. Setzen Sie sich in der nächsten Spalte ein realistisches Datum für die Erreichung dieses Zieles.

Die Herausforderung bei der Formulierung von Zielen liegt in der Praxis darin, sich nicht zu verzetteln und endlose Listen, womöglich gar schon von Aktivitäten, zu produzieren. Die mit dieser Aufgabe vorgestellte Technik zur Zielentwicklung leitet Sie an, den direkten, einfachen Weg zu gehen. Aus Ihren visionären Wünschen über die »Was-müsste-passieren…?«-Fragetechnik und die daraus entstehenden Meilensteine entwickelt sich automatisch eine Hierarchie der Abfolge. In der Regel werden Sie mit zwei bis vier Meilensteinen auskommen. Am Anfang wird es sich sicherlich als hilfreich erweisen, Ziele in der Vergangenheitsform zu formulieren. Damit erreichen Sie leichter eine gedankliche Abgrenzung Ihrer eines Tages schließlich erreichten Ziele zu den Aktivitäten, mit denen Sie diese erreichen werden. Wie Sie Schritt für Schritt Aktivitäten aus Ihren heute erarbeiteten Zielen ableiten, lernen Sie morgen.

Wenn Sie die Aufgabe intensiv bearbeitet haben, müsste Ihnen nun eine Liste von Zielen vorliegen. Heften Sie diese Ziellisten in Ihr Zeitbuch vor Ihre Zukunftsvorstellungen in die Rubrik »Z«.

TIPP

Was tun bei unrealistischen Meilensteinen?

→ In seltenen Fällen lautet Ihre Antwort auf die Frage »Ist dieser Meilenstein realistisch?« einfach »Nein«. In diesem Fall sollten Sie den Meilenstein noch einmal überprüfen. Können Sie ihn eventuell in zwei kleinere Meilensteine – respektive Schritte – unterteilen? Fragen Sie sich dazu »Was müsste als Erstes passieren, was als Zweites?« Manchmal hilft jedoch auch diese Unterteilungstechnik nichts. Sie können einfach nicht erkennen, wie Sie jemals Ihren Wunsch erreichen können. Eine Möglichkeit aus diesem Dilemma ist, einen Menschen Ihres Vertrauens um Hilfe und Inspiration zu bitten. Erst dann gehen Sie noch einmal in sich: Ist Ihre Vorstellung, Ihr Wunsch eventuell doch zu groß?

BEISPIEL

Die »Was-müsste-passieren...?«-Fragetechnik

→ Frau Muster möchte die Nachfolgerin Ihres Vorgesetzten werden, wenn dieser in fünf Jahren in Rente geht. Sie wendet die »Was-müsste-passieren...?«- Fragetechnik an und entwickelt aus den Meilensteinen erste Ziele:

Meine Zukunftsvision	Meilensteine/Ziele
»In fünf Jahren werde ich die kreative Leitung meiner Abteilung übernehmen.«	
Fragen zur Meilenstein-Entwicklung	
Erster Aspekt: Was müsste passieren, damit sich der Wunsch »kreativ« erfüllt?	»Ich fördere und erhalte meine Kreativität.«
Was müsste passieren, damit das eintritt?«	»Ich tue etwas, werde aktiv, belege einen Kurs oder vereinbare Künstlertreffs mit mir selbst.«
Was müsste dafür passieren?	»Ich sammele Ideen und dazu Angebote, die meine Kreativität befördern könnten.«
Zweiter Aspekt: Was müsste passieren, damit sich meine Vorstellung »Leitung meiner Abteilung« erfüllt?	Ich bin qualifiziert.
Was müsste passieren, damit das eintritt?	Ich weiß genau, welches die nötigen Qualifikationen sind und wie ich diese erwerben kann.

	Zielkriterien		Ziel erreicht?
1.	2.	3.	Ja/nein
R	Meine Kreativität sprüht. Ich habe mir regelmäßig wie geplant Zeit dafür genommen, und meine Termine eingehalten. Ich erhalte eine Auszeichnung für einen hervorragenden Entwurf.	Innerhalb der nächsten 12 Monate	
R	Ich habe mich für eine Idee aus meiner Sammlung entschieden, feste Zeiten für die nächsten Monate in meinem Kalender notiert und den ersten Termin zur Umsetzung festgelegt.	Am 30. Tag von heute an	
R	10 Ideen und passende Angebote mit Detailinformationen sind in meinem Zeitbuch gesammelt.	Am 21. Tag von heute an	
R	Ich habe die nötigen Qualifikationen, die ich zusammengestellt habe, erworben. Der Personalabteilung liegen die Zeugnisse und Berichte meiner Entwicklung vor.	In genau 5 Jahren von heute an.	
R	Ich habe eine Liste der relevanten, mir noch fehlenden Qualifikationen für die Leitungsposition zusammengestellt und einen Qualifikationsplan für mich selbst entworfen.	In genau 45 Tagen von heute an	

10 Minuten Tagesrückschau

Wie weit sind Sie heute mit der Entwicklung Ihrer Ziele gekommen? Wie ist es Ihnen bei der Arbeit an dem Job des Tages ergangen? Wenn ich für mich neue Ziele erarbeite und bestehende überarbeite, dann versinke ich jedes Mal in Fluten von Papier, in Entwürfen und Streichungen, in Formulierungen und Umformulierungen. Aber schließlich bin ich immer erleichtert, wenn dann irgendwann wieder eine klare, aktuelle Liste meiner eigenen Ziele vor mir liegt. Erging es Ihnen ebenso? Können Sie sich an der von Ihnen erschaffenen Übersichtlichkeit freuen? Nutzen Sie den Tages-Rückschaubogen, um Ihre Fortschritte des heutigen Tages festzuhalten.

Tag 4: Aktivitäten planen

Stellen Sie sich einmal vor, Sie würden mit der Organisation der diesjährigen Betriebsfeier betraut. Was würden Sie als Erstes tun? Womit würden Sie anfangen? Doch sicher nicht mit der Auswahl eines Desserts, oder? Wahrscheinlich würden Sie zunächst einmal abfragen, wann die Betriebsfeier stattfinden soll und wie sich die Geschäftsführung das Fest vorstellt, das heißt, wann sie zufrieden mit dem Ergebnis wäre. Dann würden Sie für sich insgeheim prüfen, ob auch nur im Entferntesten die Möglichkeit besteht, ein solches Fest zu realisieren, und falls nicht, würden Sie die fraglichen Aspekte diskutieren. Sie werden es längst bemerkt haben: Sie haben damit in klassischer Weise ein Ziel für sich definiert – ein Betriebsfest mit Datum, messbaren Kriterien für das Ergebnis und realistischer Erreichbarkeit. Würden Sie nicht als Nächstes überlegen, was Sie als Erstes tun sollten, was als Zweites, was als Drittes, um das Betriebsfest auf die Beine zu stellen? Wahrscheinlich, denn Ziele werden durch viele kleine zielgerichtete Arbeitsschritte beziehungsweise Aktivitäten erreicht.

Noch einmal, zur Erinnerung: Aktivitäten sind Verrichtungen, die man TUT. Man erkennt Aktivitäten an Verben in der Gegenwartsform, die diese beschreiben. Aktivitäten beanspruchen immer eine Zeitspanne aus dem vorhandenen Zeitbudget.

Wenn man seine Zeit aktiv nutzen will, um seine Ziele zu erreichen, wählt man dazu nur Aktivitäten aus, die einen auf dem Weg dorthin wirklich weiterbringen. Zu einigen Zielen fallen einem auf Grund von Kompetenz und Erfahrung entsprechende Aktivitäten sofort ein. Zu anderen Zielen fällt einem eventuell aber erst einmal nichts ein. Was wären wohl der effizienteste Weg und geeignete Schritte, das Ziel zu erreichen? Was sollte unternommen werden, was lieber nicht – vielleicht weil es elegantere oder günstigere Möglichkeiten gibt? Vielleicht weil es auch jemanden gibt, der Dinge besser und effizienter erledigen kann als man selbst?

Delegieren kann man lernen

Dieser letzte Aspekt lohnt noch eine kurze Überlegung: Wie oft mühen Sie sich stundenlang mit etwas ab und kommen doch nur zu einem schlechten Ergebnis? Sie wissen im Grunde genau, dass Sie in dieser Tätigkeit nicht gut sind, dass sie Ihnen nicht leicht von der Hand geht, dass Sie »zwei linke Hände« dabei haben und, vor allem, dass Sie ineffizient arbeiten. Bei einigen Arbeiten wüssten Sie schon, wer es besser könnte, aber Sie geben die Arbeit nicht ab. Sie delegieren sie nicht. »Sie sind gut, an wen soll ich das denn delegieren?« werden Sie eventuell innerlich beim Lesen dieser Zeilen denken. Aber Möglichkeiten, Aufgaben von anderen erledigen zu lassen, so dass Sie Zeit und Energien einsparen, gibt es mit ganz wenigen Ausnahmen immer, und wenn Sie einen Moment darüber nachdenken, dann kommen Sie wahrscheinlich zu demselben Schluss. Vor allem die Preisfrage hindert die meisten Menschen daran, Arbeit abzugeben. Wie an anderer Stelle bereits erwähnt, hat jede Entscheidung Ihren materiellen oder immateriellen Preis. Wenn Sie beispielsweise das Schreiben von Berichten und Protokollen lieber selbst vornehmen, als diese Aufgabe an Ihre Mitarbeiterin zu delegieren, dann haben Sie sich entschieden, lieber auf Dauer mit Ihrer Lebenszeit zu »bezahlen« als einmal Zeit in die Anleitung der Mitarbeiterin zu investieren.

Eine andere Möglichkeit ist auch, Arbeiten zu tauschen. Sie können nicht blind tippen, Ihre Kollegin liegt im zähen Dauerkampf mit dem Kopierer. Tauschen Sie doch einfach die für Sie zeitaufwändigen Tipparbeiten gegen ihre nächsten Kopieraufträge. Sie könnten dabei beide Zeit gewinnen! Es gibt viele weitere Beispiele und sicherlich werden auch Sie in Ihrem Alltag Aktivitäten finden, die Sie abgeben oder tauschen könnten – wenn Sie nur wollten, das heißt, bereit sind, dafür etwas anderes herzugeben. Prüfen Sie doch gleich einmal Ihre Aktivitätenliste für heute, ob Sie davon nicht vielleicht etwas delegieren beziehungsweise tauschen können.

TIPP

Die Frage der Fragen

→ Eine zeitsparende Kernfrage, die Sie sich im Alltag immer wieder beharrlich stellen sollten, ist: »Bringt mich diese Aktivität meinen Vorstellungen und Zielen näher?« Effektives Zeitmanagement in Hinsicht auf Ihre Vorstellungen und Ziele bedeutet, möglichst wenige Aktivitäten auszuüben, bei denen die Antwort auf diese Frage »Nein« lautet. Es gibt selbstverständlich manchmal Gründe und Umstände, Aktivitäten trotz eines »Neins« auszuführen. Aber entwickeln Sie ein Gefühl für solche Aktivitäten und deren Anteil an Ihrem Zeitbudget. Das hilft, Ausnahmen in Grenzen zu halten und damit nicht unmerklich aus dem Agieren ins Reagieren auf fremde Anforderungen zu verfallen.

Aktivitäten, die Sie planen, um Ihre Ziele zu erreichen, können also direkte Aufträge an sich selbst sein, direkte Aufträge an andere oder auch indirekte Aufträge, die über einen Umweg effektiv dazu führen, dass man einen Schritt in seiner eigenen Sache weiter kommt. Erfahrene Zeitmanager bedienen sich bei der Planung Ihrer Aktivitäten einfacher Techniken, um leichter zu Ergebnissen zu kommen. Sie können sie in Ihrer Tagesaufgabe heute selbst ausprobieren.

Job des Tages

Nehmen Sie aus Ihrem Zeitbuch die ausgefüllten Ziellisten (→ Seite 55) sowie einige Blankobögen. Ihre Ziellisten zeigen auf der linken Seite Wünsche und Vorstellungen, die Sie mithilfe der «Was-müsste-passieren…?«-Fragetechnik verfeinert haben. Rechts haben Sie zeilenweise dazu passend ein konkretes Ziel notiert. Übertragen Sie jetzt von den Listen jeweils nur das letzte, terminlich am nächsten liegende Ziel mit seinem Termin auf jeweils ein neues Blankoblatt. Auf diese Weise erhalten Sie eine Reihe von Blättern, auf denen zunächst nur ein Ziel mit Datum als Titel steht. Anhand des Beispiels von Frau Muster (→ Seite 56 f.) können Sie sich vergewissern, dass Sie richtig vorgehen.

Jetzt legen Sie sich nacheinander Aktivitätensammlungen zu jedem Ihrer Ziele an. Dazu überlegen Sie, mit welchen Aktivitäten Sie Ihr Ziel erreichen können. Denken Sie ausschließlich in Aktivitäten, also in Handlungen. Fassen Sie sich sehr kurz. Für die Aktivität »Ich gehe ins Internet, rufe die Seiten der Wirtschaftsakademie auf, recherchiere, ob es einen Englischkurs gibt, wenn ja, dann schaue ich nach den Preisen und den Kursterminen und mache mir Notizen« notieren Sie zum Beispiel nur »WWW Recherchieren Kurs WA«.

Damit Sie sich später noch daran erinnern, was genau Sie eigentlich tun wollten, legen Sie sich für komplexere Aktivitäten jeweils ein gesondertes Infoblatt an, auf dem Sie wichtige Details zu diesem Auftrag festhalten. Es empfiehlt sich, die Kurzbezeichnung der Aktivität eins zu eins als Titelzeile für das Infoblatt zu übernehmen und das Blatt systematisch, zum Beispiel immer unter einem unterstrichenen Buchstaben der Aktivität, abzulegen. Wenn Sie ein gesondertes Infoblatt zu einer Aktivität anlegen, vermerken Sie an der Aktivität, dass es ein solches gibt und wo Sie es abgelegt haben. Legen Sie für sich ein Vermerkzeichen fest, zum Beispiel einen waagerechten Pfeil.

Mit der Kurzbezeichnung der Aktivität »WWW Recherchieren Kurs WA → ZB« erteilen Sie sich auf diese Weise selbst folgenden Auftrag: Recherchiere im World Wide Web Kursinformationen auf den Webseiten der Wirtschaftsakademie – Detailinformationen zu dieser Aufgabe findest Du im Zeitbuch in der Rubrik »W«. Natürlich werden Sie nicht zu jeder Aktivität ein gesondertes Infoblatt anlegen, trotzdem: Seien Sie ausführlich. Verlassen Sie sich nicht darauf, dass Sie sich später nur aufgrund der Kurznotiz der Aktivität noch an die Details erinnern können. Sie werden es wahrscheinlich nicht, und wenn, dann nur mit neuem Zeitaufwand. Für den Anfang notieren Sie lieber mehr Details und viele kleinere Aktivitäten als zu wenig. Die Methode der Verweise auf weitere Informationen zu einer Aktivität funktioniert übrigens auch hervorragend mit bereits vorhandenen Unterlagen oder Dateien in der EDV. Zum Beispiel könnten Sie für die Aktivität »Brief v. B. beantworten« einen Verweis auf den Ablageort des Briefes von B. anfügen.

Notieren Sie also alle nötigen Aktivitäten zur Erreichung der ausgewählten Ziele und ergänzen Sie Ihre wachsenden Aktivitätensammlungen um Infoblätter und Verweise, wo es Ihnen sinnvoll erscheint. Legen Sie die Infoblätter am besten gleich unter dem jeweils hervorgehobenen Buchstaben in Ihrem Zeitbuch ab. Sie sind fast fertig mit diesem Teil der Aufgabe, wenn Sie sich sicher sind: »Wenn ich diese Aktivitäten alle abgearbeitet habe, dann habe ich automatisch auch die Ziele erreicht.»

Als Letztes notieren Sie am Ende jeder Aktivitätensammlung folgendes: »Ziel abhaken, neue Aktivitäten planen → ZB«. Diese Aktivität fordert auf, Folgendes zu tun: »Setze ein Erledigt-Häkchen hinter das heute erreichte Ziel und plane für das nächst höhere Ziel neue Aktivitäten.« Sie wissen schon heute, dass Sie diese Aktivität jeweils an dem Tag, den Sie sich für die Zielerreichung gesetzt haben, erledigen werden – oder? Für alle anderen Aktivitäten werden Sie noch entscheiden, wann Sie diese erledigen möchten. Dafür allerdings sollten Sie sich zunächst darüber klar werden, wie lange Sie für jede Aktivität wahrscheinlich brauchen werden.

Für den zweiten Teil der Aufgabe kommt Ihnen die Übung, die Sie inzwischen im Einschätzen des Zeitbedarfes für einzelne Tätigkeiten haben, zugute (→ Seite 22). Nehmen Sie sich Ihre neuen Aktivitätensammlungen noch einmal vor und schätzen Sie ab, wie viel Zeit Sie für jede Aufgabe brauchen werden. Notieren Sie den Zeitbedarf jeweils hinter der Aktivität. Vergessen Sie nicht, auch die benötigte Zeit für die Akti-

TIPP

Für Einsteiger

→ Ich empfehle Ihnen, zu Beginn Teil eins und zwei der Tagesaufgabe wie beschrieben in zwei getrennten Schritten nacheinander zu erledigen. Sammeln Sie erst einmal ein wenig Erfahrung in der Kurzformulierung von Aktivitäten. Durch die vorläufige Unterteilung der Tagesaufgabe in »Aktivitäten formulieren« und »Zeitbedarfe abschätzen« merken Sie spätestens beim zweiten Schritt, ob Sie eine Aufgabe unverständlich bezeichnet haben. Das Gute dabei: Sie wissen noch, was die einzelnen Bezeichnungen bedeuten sollen, und können, soweit nötig, noch Korrekturen oder Ergänzungen vornehmen. Sobald Sie ein wenig mehr Übung in der Planung von Aktivitäten haben, werden Sie Schritt eins und zwei leicht in einem Zug erledigen können.

vität »Ziel abhaken, weitere Aktivitäten planen → ZB« am Ende jeder Liste einzuschätzen – Ihre Erfahrungswerte aus der heutigen Aufgabe geben Ihnen dafür einen Anhaltspunkt. Zum Schluss heften Sie Ihre Aktivitätensammlung in Ihrem Zeitbuch ab und sortieren auch die Ziellisten wieder an der richtigen Stelle ein.

Aktivitäten planen – ein Beispiel

Frau Muster übernahm aus Ihren Listen jeweils das letzte Ziel mit dem gesetzten Termin und entwickelte daraus Aktivitäten, die ihr geeignet schienen, das Ziel zu erreichen. Im zweiten Schritt schätzte sie den jeweiligen Zeitbedarf für jede Aktivität ab und machte dazu entsprechende Notizen:

Frau Muster entschied sich, alle Informationen und Zwischenergebnisse der einzelnen Aktivitäten an zentraler Stelle zu sammeln, nämlich unter dem Stichwort »Ideen« in Ihrem Zeitbuch in der Rubrik »I«. Mit entsprechenden Verweisen vermerkte sie dies an jeder Aktivität, um später trotz der Kurzform Hinweise zu finden, was genau eigentlich zu tun ist. Sie wusste noch nicht, was für Ideen sie beim Nachdenken generieren würde. Aber was auch immer dabei herauskäme, sie plante, einiges zu recherchieren, Unterlagen anzufordern und diese schließlich zu sichten und einzusortieren, um ihr Ziel zu erreichen. Sie hielt diesen Weg in vier Aktivitäten fest und schätzte ab, wie viel Zeit sie erfahrungsgemäß brauchen würde.

» ZIELKRITERIEN	10 Ideen (wie ich meine Kreativität befördern könnte) und passende Angebote mit Detailinformationen sind in meinem Zeitbuch gesammelt. **Termin: in 21 Tagen**
» AKTIVITÄT	über Ideen nachdenk. → ZB 2 Std.
	Ideen, Angebote recherchieren → ZB 3 Std.
	Ideen, Unterlag. anford. → ZB 45 Min.
	Ideen, Unterlag. sichten, einsortier. → ZB 1 Std.

Frau Muster beschließt, Frau P. aus der Personalabteilung bezüglich der im Haus üblichen Anforderungsprofile für Abteilungsleiter um Rat zu fragen. Dazu wird sie sie zunächst anrufen. Sie will außerdem die befreundete Personalberaterin B. nach den üblichen Qualifikationen befragen. Bei der Gelegenheit hofft sie auch, hilfreiche Literaturempfehlungen zu erhalten. Am besten sie verabredet sich mit ihr zu einem Gespräch, überlegt sie. Damit sie sich an Ihre Anliegen erinnert, legt Frau Muster ein neues Infoblatt an und legt dies unter B im Zeitbuch ab. Mit B. wird Frau Muster einen Gesprächstermin vereinbaren. Da Termine keine Aktivitäten sind, macht sie keine weiteren Notizen an dieser Stelle. Die gesammelten Informationen beschließt Frau Muster auszuwerten und in einer Liste zu sortieren. Zum Entwurf eines Qualifikationsplanes fallen ihr zurzeit partout keine geeigneten Aktivitäten ein. Sie beschließt, erst einmal die Gespräche zu führen und sich dann darüber noch einmal in Ruhe Gedanken zu machen. Dafür plant sie zwei Stunden ein.

» ZIELKRITERIEN	Ich habe eine Liste der in meinem Beruf relevanten Qualifikationen für die Führungsposition zusammengestellt und einen Qualifikationsplan für mich selbst entworfen. **Termin: in 45 Tagen von heute an**
» AKTIVITÄT	Tel. Frau P. Qualif. Abteilungsleiter? 15 Min.
	Tel. Verabredg. Gespräch B. → ZB 10 Min.
	Liste Qualif. Leitung zus.stellen 45 Min.
	Weg u. Aktiv. für Qualif.plan finden 2 Std.

10 Minuten Tagesrückschau

Was fühlen Sie angesichts Ihrer heute entwickelten Aktivitätensammlungen? Empfinden Sie einerseits einen kleinen Schrecken angesichts der vielen Aufträge, andererseits Erleichterung? Motiviert es Sie, zu wissen, was als Nächstes anliegt – besser: was genau Sie tun wollen und das in so kleinen appetitlichen Häppchen vor sich zu haben? Bevor Sie morgen entscheiden, wann Sie diese Aktivitätenhäppchen abarbeiten wollen, füllen Sie doch heute noch Ihren Rückschau-Bogen aus. Apropos: Haben Sie heute Nein-Aktivitäten übernommen? Wie viel Zeit haben Sie für solche Tätigkeiten wohl verwendet? Lassen Sie den Tag noch einmal im Geiste an sich vorüberziehen.

Tag 5: Die richtigen Dinge zur richtigen Zeit tun

Wem ist dies oder Ähnliches nicht schon einmal passiert: Man hat sich vorgenommen, morgens gleich als Erstes noch Zeichnungen von den Kollegen für die Bereichsbesprechung auszudrucken. Als der Computer gestartet ist, fällt einem ein, dass dringend eine neue Version des Grafikprogramms hätte installiert werden sollen. Und natürlich ist die Datei prompt nicht lesbar. Also zückt man die Update-CD, die seit Wochen auf der Ablage verstaubt, und installiert diese. Die neue Version hat neue Funktionen, nichts funktioniert mehr wie bisher. Wo ist nur das Handbuch? Neue Funktionen lernen, ja, aber muss das gerade jetzt sein? Die Software läuft endlich, aber wo ist eigentlich die Datei mit der Zeichnung vom Kollegen Müller? Hat man denn vergessen, diesen um die Zusendung zu bitten? Das Telefon klingelt, der Bereichschef weist freundlichst darauf hin, dass die Besprechung bereits seit einer Viertelstunde im Gange ist. Man lässt sofort alles fallen und verlässt hektisch das Büro – ohne Ausdruck.

Die richtigen Dinge zur richtigen Zeit tun – »Hätte man einfach etwas früher anfangen müssen und nicht erst morgens auf den letzten Drücker« werden Sie vielleicht sagen. Aber die Lösung liegt nicht allein darin. In der Aktivitätenliste der oben beschriebenen Person standen im besten Fall bereits die Einträge »Update installieren«, »Update-CD ablegen«, »Handbuch einsortieren«, »Funktionen überprüfen«,

»Zeichnungen ausdrucken«. Für einen leichten und effizienten Arbeitsfluss aber bedarf es offensichtlich zusätzlich einer zeitlichen sowie einer inhaltlichen Anordnung der Aktivitäten. Was muss zuerst erfolgen, was kann darauf aufbauend folgen? Welche Unterlagen sollte man sofort besorgen, um effizient arbeiten zu können?

Damit Sie Ihre Aufträge zügig und effizient in der jeweils dafür angesetzten Zeit erledigen können, sollte Ihre Aktivitätenliste also möglichst vollständig sein, die Aktivitäten müssen terminiert sein, und die natürliche Folge der Handlungen sollte bei der Planung unbedingt berücksichtigt werden. Es gilt nicht nur, die richtigen Dinge zu tun, sondern diese auch zum richtigen Zeitpunkt zu tun – das heißt, in der richtigen Reihenfolge zu erledigen. Sie werden dabei jedoch in der Planung immer wieder auf Hindernisse stoßen. Sie können nicht immer absehen, ob sich aus bereits erledigten Aktivitäten Neues ergibt, ob weiterer Handlungsbedarf entsteht oder ob von langer Hand geplante Aktivitäten plötzlich hinfällig werden. Es gibt keine Planungssicherheit. Aber das ist kein Grund, Aktivitäten nicht wenigstens so gut und vorausschauend wie unter den gegebenen Bedingungen möglich, zu planen und das heißt, über die verfügbare Zeit zu verteilen. Dabei gehen Sie sinnvoller Weise von Hinten nach Vorne vor. Ein Beispiel soll das Verfahren veranschaulichen. Angenommen, Sie haben sich ein Ziel für den 30. eines Monates gesetzt und haben fünf aufeinander aufbauende Aktivitäten entwickelt, um dieses Ziel zu erreichen. Die Bearbeitung der fünften Aktivität beansprucht wahrscheinlich zehn Tage, die der vierten zwei Tage, die der dritten vier Tage, die der zweiten einen halben Tag und die der ersten Aktivität anderthalb Tage. Zusammen also 18 Tage. Sicherheitshalber rechnen Sie einen Puffer, zum Beispiel zwei Tage, für Unvorhergesehenes hinzu.

Von Hinten nach Vorne planen heißt in diesem Fall vom dreißigsten Tag rückwärts zu rechnen: 30 – 10 – 2 – 4 – ½ – 1 ½ – 2. Auf diese Weise können Sie sehr leicht – und zuverlässig – errechnen, welches der späteste Starttermin für die erste Aktivität ist, hier der erste des Monats (denken Sie an die Wochenenden …). Fängt man später an, muss irgendeine Aktivität in weniger als der dafür angesetzten Zeit abgearbeitet werden – es entsteht Stress, das Zieldatum ist gefährdet. Voraussetzung für diese Art der Aktivitätenplanung ist eine möglichst realistische Vorstellung über den für jede Aktivität benötigten Zeitbedarf.

Job des Tages

Bitte lesen Sie als Erstes Ihre Aktivitätensammlungen aus der Tagesaufgabe der Woche 2, Tag 4 durch (→ Seite 61). Sie sollten die Aktivitäten jetzt in eine sinnvolle zeitliche Reihenfolge bringen, indem Sie überlegen, was jeweils erledigt sein muss, bevor eine andere Aktivität bearbeitet werden kann. Halten Sie Ihre Ergebnisse fest. Sie können dazu einfach seitenweise alle Aktivitäten zu einem Ziel mit jeweils einer Nummer versehen.

Als Nächstes schlagen Sie Ihre täglichen Aktivitätenlisten für die aktuelle sowie die nächsten Wochen in Ihrem Zeitbuch auf. Übertragen Sie die nummerierten Aktivitäten und die geschätzte Zeit dafür aus den Sammlungen in Ihre Aktivitätenlisten. Dazu sollten Sie entscheiden, in welcher Woche und an welchem Tag Sie die Aktivitäten sinnvollerweise erledigen können und wollen. Beachten Sie die im ersten Teil der Aufgabe markierte Reihenfolge während Sie die einzelnen Aufträge an sich selbst über die Tage und Wochen verteilen. Eine zusätzliche Herausforderung ist, die Gesamtzeit für alle Aktivitäten zu einem Ziel von heute an bis zum Zieltermin im Auge zu behalten. Sie werden in Bedrängnis kommen, wenn Sie alle relevanten Aktivitäten zu kurz vor den Zieltermin legen. Andererseits besteht die Gefahr, dass Sie die aktuelle und die kommende Woche überbelegen. Es muss nicht alles sofort passieren. Machen Sie auch ab und zu eine Gegenprüfung in Ihrem Terminkalender. An welchen Tagen ist noch frei verfügbare Zeit für Aktivitäten und Aufträge vorhanden? An welchen Tagen sind Sie zum Beispiel dienstlich unterwegs und können deshalb keine Aktivitäten einplanen? Beim Übertragen der Aktivitäten in Ihre Listen sollten Sie darauf achten, die Kurzbezeichnung der Aktivität absolut fehlerfrei zu übertragen. Ein einziger falsch vermerkter Ablageort kann Sie später Stunden für überflüssiges Suchen kosten.

Sie sind mit der Aufgabe fertig, wenn Sie alle Aktivitäten aus der Sammlung auf die kommenden Tage beziehungsweise Wochen verteilt und in Ihre Aktivitätenlisten übertragen haben. Herzlichen Glückwunsch! Nun bleibt nur noch eines zu tun: mit aller Kraft und Disziplin und ohne Aufschub die selbst erteilten Aufträge einen nach dem anderen abzuarbeiten. Das Wunderbare daran ist: Mit jedem erledigten Selbst-Auftrag kommen Sie unweigerlich einem Ihrer eigenen Ziele und damit Ihrer Zukunftsvision näher. Sie werden sich in einigen Wochen vielleicht nicht mehr erinnern, warum Ihre Liste Sie anweist, eine bestimmte Aktivität zu erledigen. Aber das macht gar nichts, Sie wissen, dass diese nicht aus Versehen dort hingelangt ist, sondern eine kleine Stufe auf einer Leiter ist. Spätestens wenn die Aktivität »Ziel abhaken, neue Aktivitäten planen → ZB« dran ist, werden Sie zufrieden das erste Ihrer in dieser Woche selbst gesteckten Ziele feiern können. Und Sie sollten sich schon heute einen kleinen Vorgeschmack gönnen: Belohnen Sie sich mit einem ihrer besten »Mutmacher« aus Ihrer Kraftquellensammlung!

10 Minuten Tagesrückschau

Es ist geschafft: Sie haben sich aus dem Bereich des Reagierens in den des Agierens vorgearbeitet! Was halten Sie von Ihren Aktivitätenlisten für die kommenden Tage und Wochen? Fiel es Ihnen leicht oder noch eher schwer, Aufträge in eigener Sache an sich zu erteilen? Werden Sie Ihrem Plan folgen und die Aktivitäten abarbeiten? Haben Sie sorgfältig und großzügig genug geplant? Der Rückschaubogen für diesen Tag wartet darauf, Ihr Resümee aufzunehmen…

Wochenrückschau

Heute haben Sie Ihre zweite Diätwoche abgeschlossen. Manches schien Ihnen in den letzten Tagen vielleicht seltsam bekannt. »Das habe ich doch schon einmal gehört!«, denken Sie vielleicht. Das kann sehr gut sein – vor allem, wenn Sie sich mit Projektmanagement und dessen Werkzeugen schon einmal beschäftigt haben. Im Grunde tun Sie zurzeit nichts anderes als genau das: ein Lebensprojekt managen, Ihr eigenes! Wahrscheinlich ist dieses Projekt das anspruchsvollste und längste, dass Sie jemals leiten werden. Wie kommen Sie mit den Methoden und Techniken, die Sie in dieser Woche kennen gelernt haben, zurecht? Hatten Sie genug Zeit, die einzelnen Aufgaben zu bearbeiten und runde Ergebnisse zu erzielen? Wenn Sie zu dem Schluss kommen, dass Sie an Ihren Zukunftsvisionen, Zielen oder Aktivitätensammlungen noch intensiver arbeiten möchten, spricht nichts dagegen, einzelne Tage oder auch die ganze Woche zu wiederholen. Die Arbeit an Visionen und Zielen kann nicht intensiv genug sein – immerhin sind die Ergebnisse richtungsweisende Grundlagen für alle weiteren Tätigkeiten. Die darauf aufbauende, kluge und bedachte Minimierung und Neuentwicklung von Aktivitäten hat erheblichen Einfluss auf Ihren Alltag – und vor allem auf Ihr Zeitbudget.

Ihr Zeitgewinn in dieser Woche

Wie viel Zeit Sie mit einer soliden Zukunftsplanung und Zielsetzung dazugewinnen, ist sehr schwer zu sagen. Eines ist sicher: Ohne diese Überlegungen kann es im schlimmsten Fall passieren, dass Sie Ihre gesamte Zeit sinnlos vertun. Wenn Sie sich aber in dieser Woche nur gegen eine Rolle entschieden haben, die Sie bisher täglich 60 Minuten gekostet hat, dann verfügen Sie von jetzt an schon über ganze fünf

Stunden mehr Zeit für Ihre persönlichen Ziele. Der wirkliche Zeitgewinn ist nach dieser Woche noch erheblich größer – aber es wäre unredlich, hier einfach einen pauschalen Stundengewinn zu benennen. Vielleicht mögen Sie den Rückschaubogen für diese Woche nutzen, um IHRE Abschätzung des erarbeiteten Zeitgewinns zu notieren sowie Ihre jüngsten Erfolge, Schwierigkeiten und Fortschritte festzuhalten?

TIPP DER WOCHE

Fehler als Chance

→ »Wenn ein Mitarbeiter keine Fehler macht, taugt er nichts!«, vertraute mir vor längerer Zeit ein gestandener Unternehmer an. Die Begründung war einfach und einleuchtend: »Wenn einer keine Fehler macht, dann riskiert er offensichtlich nie etwas, um Größeres zu erreichen. Mir ist einer, der was wagt und ab und zu mal scheitert, zehnmal lieber als einer, der nie Neues probiert und nichts dazulernt.« Leider ist diese Einstellung nicht sehr weit verbreitet. Wann immer etwas schief geht, kommt als aller erstes die Frage: »Wer war das?«, »Wer hat Schuld?« Schlimmer noch, häufig folgen Beschimpfungen oder gar persönliche Angriffe und Vorwürfe. Weder das eine noch das andere ist effektiv. Gehen Sie zu Ihrem persönlichen Nutzen und im Rahmen Ihrer Einflussmöglichkeiten auch in Ihrem Arbeitsumfeld mit gutem Beispiel voran: Fragen Sie bei Misserfolgen als Erstes: Was ist die Ursache für den Fehler? Worin liegt die Lernchance? Was kann ich nächstes Mal besser machen? Betrachten Sie das Lernen aus Ihren Fehlern als persönliche Fortbildungsinvestition in Ihr Zeitmanagement.

Die Woche der Selbstorganisation

3

→ DER EINE WARTET, DASS DIE ZEIT SICH WANDELT, DER ANDERE PACKT SIE KRÄFTIG AN UND HANDELT. [Dante Alighieri]

Die Ziele sind klar – jetzt geht es an die Umsetzung. Seien Sie dabei effektiv, indem Sie das Richtige tun und effizient, indem Sie dazu bewährte Methoden des Zeitmanagements für sich nutzen.

Effektiver Arbeiten mit System

Ihr Vier-Wochen-Programm dürfte Sie inzwischen ganz schön auf Trab halten. Nicht nur, dass Sie den einen oder anderen Zeitspartipp ausprobieren, Sie bewältigen auch jeden Tag mit zusätzlichem Zeitaufwand eine neue umfangreiche Aufgabe. Zudem planen Sie den nächsten Tag und halten eine 10-Minuten-Rückschau. Vor allem aber ist die Anzahl der bisher täglich zu erledigenden Aktivitäten nach der Bearbeitung der Aufgaben sicherlich noch gestiegen. Umso wichtiger wird es jetzt, die eigene Organisation zu optimieren.

Ein Aspekt sind zum Beispiel die täglichen kleinen Gewohnheiten, die einem so selbstverständlich geworden sind, dass man ihren Sinn oder gar ihre Effektivität schon längst nicht mehr in Frage stellt, sie manchmal sogar nicht einmal mehr bemerkt. Diese können für die eigene Arbeit sehr hilfreich sein, wenn sie symbolisch zum Beispiel einen neuen Abschnitt einleiten und einen selbst in eine zuträgliche Arbeits- oder Pausenhaltung befördern. So könnte die morgendliche 10-Minuten-Tagesplanung für manche ein förderliches Ritual sein und den Arbeitsbeginn effektiv einläuten. Unbewusste Verhinderungsrituale wirken dagegen zwar beruhigend, aber zeiträuberisch: Wer jeden Morgen als Erstes zur Kaffeemaschine marschiert, ein Schwätzchen hält, den Posteingang durchstöbert und anschließend erst einmal die Blumen gießt, hat mindestens die erste halbe Stunde des Tages vertan beziehungsweise seine Zeitreserven schon erheblich angenagt. Etwas anderes wäre es, wenn Sie beschlössen, dass dieses Ritual genau in der Form die beste Hilfestellung für Ihre nächsten

Aufgaben ist – dann sollten diese 30 Minuten täglich aber auch Bestandteil Ihrer offiziellen Zeitplanung sein. Oft verhält es sich jedoch mit Gewohnheiten anders: Ungeprüft, klammheimlich schleichen sie sich ein und mausern sich zum handfesten Zeitdieb. Deshalb lohnt es sich, diese – und sich selbst – von Zeit zu Zeit mit den »Vier Gewohnheitsfragen« zu überprüfen:

1. »Welche Gewohnheiten habe ich inzwischen entwickelt?«
2. »Wähle ich jede Angewohnheit bewusst oder hat die eine oder andere sich einfach eingeschlichen und manifestiert?«
3. Wenn ja: »Ist diese Gewohnheit immer noch die beste Hilfestellung, mit der ich mich unterstützen oder vorbereiten kann?«
4. Wenn nein: »Was könnte ich statt dessen tun und ab morgen zur Gewohnheit werden lassen?«

Mit ausgesuchten und gezielt zur Gewohnheit gemachten Ordnungs- und Arbeitsritualen weisen Sie Ihrem Bewusstsein den Weg und verkürzen mentale Vorbereitungs- und Einstimmungszeiten. Nach und nach stellt sich mit der jeweiligen äußeren Handlung und Form automatisch die entsprechende innere Arbeitshaltung ein.

Tag 1: Sprinter oder Langstreckenläufer?

Obwohl der Abgabetermin schon in drei Wochen angesetzt ist und alle nötigen Unterlagen längst bereit liegen, fängt und fängt man nicht an, den Bericht endlich zu schreiben. An sich ist der Auftrag übersichtlich: In ungefähr zehn Stunden könnte der Text entwickelt sein, nach zwei weiteren Stunden wäre die Formatierung perfekt und schon in drei Tagen könnte der fertige Bericht in einem Umschlag auf der Post sein. Ist er aber nicht. Ein schneller Blick in die Planungsübersicht zeigt, dass in der dritten Woche noch wunderbar Zeit frei ist für

WOCHENZIEL

Was ich erreichen kann

→ In den kommenden fünf Programmtagen werden Sie ausgesuchte Optimierungsmöglichkeiten für Ihre Selbstorganisation kennen lernen. Aus der Beschäftigung mit dem Phänomen der Langstreckenläufer und Sprinter können Sie nützliche Erkenntnisse über Ihren Arbeitsrhythmus gewinnen. Die ausführlich vorgestellte Methode zur Gewichtung Ihrer Aktivitäten wird Ihnen helfen, sich zu fokussieren. Ich lade Sie zudem ein, sich eine einfache und überaus effektive Ablage einzurichten beziehungsweise eine eventuell schon vorhandene Ablage zu optimieren. In Ihren Erfahrungen liegen weitere Zeitreserven, die Sie in dieser Woche mobilisieren können. Zum Abschluss der Woche überprüfen Sie Ihre Korrespondenzgewohnheiten und die Effektivität Ihrer Besprechungen. Nach dieser dritten von vier Wochen gewinnt Ihr Zeitmanagement-Zug immer mehr an Fahrt. Sie werden es trotz der Mehrarbeit genießen, auf dem richtigen Weg zu sein, Zeitgewinne verbuchen und Ihre Möglichkeiten gezielt einsetzen, um auf dem Weg in Richtung Zeitreichtum voranzuschreiten.

einen Bericht. Warum sich also jetzt schon damit beschäftigen? Vorher ist noch allerhand anderes zu tun. Wenn es darauf ankommt, werden fünf Stunden für den Bericht auch reichen und höchstens eine Stunde für die Formatierung nötig sein. Letztes Mal hat man immerhin auch nur die Hälfte der angesetzten Zeit gebraucht. Kommt Zeit, kommt Rat. Kommen Ihnen diese Überlegungen bekannt vor? Oder fiele Ihre Geschichte eher so aus:

Der Abgabetermin ist in drei Wochen angesetzt und die Unterlagen liegen auch schon bereit, aber vielleicht sollte man das erst noch einmal überprüfen. Mindestens dreißig Stunden wird der Auftrag nach vorsichtiger Schätzung dauern. Höchste Zeit damit anzufangen, wer weiß was in der letzten Woche noch alles dazwischen kommt. Am besten, man schaufelt sich für die nächsten drei Wochen erst einmal die Tage frei – so ein Bericht ist nicht zu unterschätzen! Schade, dass man nicht schon früher angefangen hat, dann könnte man den Bericht auch schon zu der Präsentation in zwei Wochen mitnehmen. Wie auch immer, jetzt geht es los. Gesagt, getan, zuerst die Unterlagen. Hier die Stichwortsammlungen, dort die Statistiken. Eigentlich wären noch ein paar Bilder dazu nett, oder? Hatte der Kollege nicht... wo ist das Telefon?«

»Klar, der erste kämpft ziemlich erfolglos mit seinem inneren Schweinehund«, werden Sie wahrscheinlich denken. »Der zweite wird ganze drei Wochen an diesen Bericht verschwenden«, werfen Sie zu Recht vielleicht ein. Und mit beidem liegen Sie richtig. Aber hier soll es weniger um die Überlistung des inneren Schweinehunds gehen, sondern um etwas anderes: Die oben grob skizzierten, unterschiedlichen Herangehensweisen an einen Auftrag beruhen auch auf dem Phänomen der zwei Typen von Arbeitern – dem des Sprinters und dem des Langstreckenläufers. Beide können voneinander lernen und schon mit kleinen Veränderungen viel Zeit gewinnen.

Was macht diese beiden Typen aus?

→ Der Langstreckenläufer plant von langer Hand und sorgt dafür, dass er rechtzeitig mit seiner Arbeit beginnt. Er arbeitet ausdauernd und sorgfältig und lebt in gleichmäßigem Rhythmus. Er bleibt im eingeplanten Zeitrahmen, verliert sich manchmal aber auch in unwichtigen Details. Unvorhergesehene Störungen und äußerer Druck werfen ihn leicht aus der Bahn. Er ist wie gelähmt, sobald er unter Termindruck gerät, verliert dann leicht den Überblick über seine Prioritäten und arbeitet nur noch eingeschränkt effektiv.

→ Der Sprinter dagegen wird gerade unter Stress hochproduktiv. Selbst wenn kein Termindruck besteht, fängt er so spät mit seiner Arbeit an, dass die Zeit am Ende knapp wird. Er bewältigt dann unter großem Adrenalineinsatz in kürzester Zeit ein enormes Pensum. Für unvorhergesehene Verzögerungen und kleine Feinheiten hat er in dieser Endphase jedoch keine Pufferzeit mehr. Hektische Phasen wechseln sich im Leben des Sprinters ständig mit Ruhepausen ab, seine Tage verlaufen in Wellen. Der Sprinter läuft wie der echte Sportler Gefahr, nach dem von seinem Körper freigesetzten Stresshormon Adrenalin süchtig zu werden. Er sucht und produziert unbewusst immer wieder Stress-Situationen, um davon zu »naschen«. Langfristig zahlt er dafür jedoch einen hohen gesundheitlichen und emotionalen Preis.

Ob Sprinter oder Langstreckenläufer, Vertreter beider Typen sollten versuchen, das jeweils langfristig gesunde und angenehme Mittelmaß zwischen zu viel Zeit und zu großem Zeitdruck, zwischen Schleichen und Rennen, zwischen Lähmung und Stress zu finden. Ein gutes (auch inneres) Team braucht sowohl Langstreckenläufer als auch Sprinter. Sie sollten deshalb auch im Zeitmanagement nach Balance streben und vor allem versuchen, Extreme zu vermeiden.

Manchmal befinden sich in einem Team sowohl Sprinter als auch Langstreckenläufer. Ich hatte einmal in einem Coaching zwei Frauen, eine ausgeprägte Sprinterin (E.), die mit einer ausgeprägten Langstreckenläuferin (B.) in einem Projektteam zusammenarbeiten sollte. Es war streckenweise für beide die Hölle: Da die Klientin E. nach Meinung ihrer Kollegin immer zu spät anfing, lebte B. in ständiger Panik, Aufträge nicht rechtzeitig fertig zu bekommen. Schlimmer noch, da B. für ihren Teil des Auftrags auf die Vorarbeit von E. angewiesen war, wurde B. ständig behindert. E. litt gleichermaßen, da sie sich mit Dingen beschäftigen sollte, die noch gar nicht an der Reihe waren – ihrer Meinung nach. Die beiden fingen an ein hocheffektives Team zu werden, als sie ihre unterschiedliche Herangehensweise erkannten und zum beiderseitigen Vorteil nutzten. Die Wahrheit lag irgendwo in der Mitte: »Pufferzeiten für beide einplanen, Stress einerseits, Ansprüche andererseits reduzieren«, hieß die Devise, die beiden zugute kam.

SELBSTTEST

Welcher Typ sind Sie?

→ Welchen der folgenden Aussagen treffen eher auf Sie zu? Kreuzen Sie die entsprechenden Antworten an und ermitteln Sie Ihre Gesamtsumme. Die Auswertung verrät Ihnen, ob Sie ein Sprinter oder Langstreckenläufer sind.

	STIMMT NICHT	STIMMT
Ich fange immer so früh wie möglich mit einer Arbeit an, egal wann sie fertig sein soll.	0	1
Ich werde selten krank – gute Pflege eben!	0	1
Ich schiebe selten etwas auf.	0	1
Für die meisten Vorgänge brauche ich doch länger, als ich anfangs gedacht habe.	0	1
Wenn ich mehr Zeit für eine Arbeit hätte, könnte ich sie noch besser ausführen.	0	1
Ich erledige meine Arbeiten nach einem festen Stundenplan.	0	1
Ich bin bekannt für meine Ausdauer in der Bearbeitung von komplizierten Vorgängen.	0	1
Bestimmte Aufträge bekomme ich nie rechtzeitig fertig.	0	1
Unter Stress bin ich wie gelähmt.	0	1
Ich erlebe immer mal wieder, das schon abgearbeitete Aufträge plötzlich zurückgezogen werden und meine Arbeit ganz umsonst war.	0	1
So richtig erschöpft bin ich eigentlich nie – außer vor dem Urlaub.	0	1

Ich achte darauf, regelmäßig und zu festen Zeiten Pausen zu machen.	0	1
Ich arbeite am liebsten jeweils nur an einer Sache, das aber richtig und sorgfältig.	0	1
Ich konzentriere mich gerne mehrere Tage hintereinander auf eine Sache.	0	1
Manchmal kann ich mich richtig in Details vertiefen.	0	1
Stress ist für mich eher unangenehm.	0	1
Aufträge nicht rechtzeitig abzugeben, kommt für mich nicht in Frage.	0	1
Ich weiß eigentlich sehr genau, was ich erledigen will, und mit wenigen Ausnahmen gelingt mir das auch.	0	1
Meine gute Vorbereitung hat mich schon oft gerettet.	0	1
Ich kann mich richtig ärgern, wenn Termine vorverlegt werden.	0	1
Mein Leben verläuft eher gleichförmig.	0	1
Mich heute zu entscheiden, was ich nächste Woche tun werde, fällt mir leicht.	0	1

Auswertung

0–7 PUNKTE:

Als Sprinter sollten Sie Ihrer Gesundheit ein wenig mehr Beachtung und Zeit schenken!

8–15 PUNKTE:

Sie verbinden in Ihrem inneren Team die Qualitäten des Langstreckenläufers mit denen des Sprinters – und kämpfen hier und da auch mit deren Schwächen.

16–22 PUNKTE:

Als Langstreckenläufer entdecken Sie sicher noch Möglichkeiten, Ihre Terminplanung zu straffen!

Job des Tages

Sie können die Aufgabe nutzen, um einmal zu überlegen, welchen Einfluss Ihr Typ – Sprinter oder Langstreckenläufer – auf Ihr Zeitmanagement hat. In welchen Momenten profitieren Sie von den Eigenschaften Ihres Typs, wann behindern Sie sich selbst? Nehmen Sie dazu zwei leere Blätter aus Ihrem Zeitbuch zu Hilfe.

Auf dem ersten Blatt notieren Sie zunächst untereinander alle Stärken Ihres Typs, die Ihrem Zeitbudget zugute kommen. Schreiben Sie ganze Sätze auf und beginnen Sie mit »Ich …«. Auf Ihrer Liste könnten sich Sätze sammeln wie »Ich arbeite konzentriert und zügig.«, »Ich verschwende keine Zeit für überflüssige Details.« oder »Ich gerate selten in Hektik.«. Es hilft, sich mehrere konkrete Situationen aus Ihrem Arbeitsalltag vorzustellen und daraus die jeweiligen Vorteile abzuleiten. Gleichzeitig werden Ihnen dabei auch die unangenehmen Aspekte dieser Situationen bewusst und damit die Schwächen Ihres Typs. Diese halten Sie auf dem zweiten Blatt fest. Sammeln Sie wieder ganze Sätze untereinander, jeweils beginnend mit »Ich …«. Dort könnte dann zum Beispiel stehen »Ich mache regelmäßig Überstunden, um rechtzeitig fertig zu werden.« oder »Manchmal ist mir langweilig und ich vertrödele Zeit.«. Als Ergebnis dieser Aufgabe halten Sie schließlich zwei Aufstellungen in Händen: Einerseits die Vorteile Ihres Typs, die Sie nutzen, und auf dem anderen Blatt den Preis, den Sie dafür bezahlen.

Gehen Sie jetzt die Sammlung auf dem zweiten Blatt noch einmal durch: Welcher persönliche Preis in Hinsicht auf Ihr Zeitbudget und Ihre persönlichen Ressourcen scheint Ihnen am höchsten? Welches ist der zweithöchste, der dritthöchste? Sind die Vorteile Ihres Typs Ihnen diesen Preis wert? Wenn nein, was könnten Sie tun? Von welchen Eigenschaften des anderen Typs könnten Sie lernen? Welche seiner Arbeitstechniken könnten Sie eventuell übernehmen und mit in Ihre Arbeitsorganisation integrieren?

In Ihrem Zeitbuch in der Rubrik »V« legen Sie – falls noch nicht vorhanden – ein neues Blatt »Vorsätze« an. Notieren Sie darauf jetzt drei neue Vorsätze. Wenn Sie eher der Typ des Langstreckenläufers sind, werden Sie vielleicht überlegen, wie Sie besser mit Unvorhergesehenem umgehen könnten. Ihr Vorsatz könnte lauten »Ich plane für meine Arbeit ausreichend Pufferzeiten ein.« oder vielleicht auch »Ich begrenze meine Arbeit inhaltlich wie zeitlich.« Als Sprinter notieren Sie Vorsätze wie beispielsweise »Ich setze mir verbindliche Zwischentermine und halte diese auf jeden Fall ein.«, »Ich nehme nicht mehr als einen umfangreichen Auftrag zur gleichen Zeit an.« oder »Ich sorge täglich für ausreichend Schlaf.«.

Bevor Sie die Aufstellung Ihrer guten Vorsätze wieder in Ihrem Zeitbuch abheften, sorgen Sie dafür, dass diese ihre Wirkung entfalten können: Erteilen Sie sich einen mindestens einmal wöchentlich wiederkehrenden Routine-Auftrag »<u>V</u>orsätze erinnern → ZB (5 Min.)«.

Betrachten Sie das Erinnern von Vorsätzen als ein regelmäßiges Ritual. Bald werden Sie jeden einzelnen auswendig wissen und können auf den »Spickzettel« verzichten. Wenn Sie Ihre Vorsätze wie oben beschrieben knapp und persönlich formulieren und immer wieder in genau diesem Wortlaut wiederholen, werden sie mit der Zeit zu einem bestärkenden und in Entscheidungsmomenten zu einem sehr zeitsparenden Richtungsgeber.

10 Minuten Tagesrückschau

Haben Sie einen typischen Sprinter- oder eher einen Langstreckenläufer-Tag erlebt? Welchen Zeitgewinn und welchen Zeitverlust haben Sie dadurch erfahren? Haben Sie in Ihrem Umfeld weitere Vertreter Ihres Typs entdeckt? Wahrscheinlich schwankten Sie in der Beobachterrolle zwischen Schmunzeln und Stirnrunzeln. Nutzen Sie Ihre 10 Minuten-Rückschau, um Ihre heutigen Beobachtungen auf Ihrem Rückschaubogen festzuhalten.

Tag 2: Das Wichtigste als Erstes tun

Nach welchen Kriterien entscheiden Sie eigentlich, mit welchem der zahlreichen Aufträge in Ihrer To-do-Liste Sie morgens anfangen? Wenn die Zeit eng wird und Sie nur noch eine der anstehenden Aufgaben für den aktuellen Tag erledigen können, welche wählen Sie dann aus? Oder arbeiten Sie Ihre Listen einfach von oben nach unten ab? So laufen Sie im Zweifelsfall jedoch Gefahr, gerade die wichtigsten Aktivitäten, die Sie Ihren Zielen näher bringen, irgendwann frustriert zugunsten des täglichen Verwaltungskleinkrams zu streichen. Und das sollte auf gar keinen Fall passieren! Sie brauchen deshalb unbedingt ein Werkzeug, das Ihnen hilft, Ihre Prioritäten richtig zu setzen.

Vielfach bewährt hat sich hier das Modell nach Dwight D. Eisenhower. Danach werden alle Aufgaben und Anforderungen nach den Kriterien »Dringlichkeit« und »Wichtigkeit« sortiert. Zwischen wichtigen und dringlichen Aufgaben besteht nämlich ein wesentlicher Unterschied:

→ Eine **DRINGLICHE AUFGABE** muss zu einem bestimmten Termin erledigt sein. Sie ist deshalb aber nicht zwangsläufig wichtig. Sie sollten im Hinblick auf Ihr Zeitbudget versuchen, die Anzahl der nur dringlichen Aufgaben zu reduzieren. Hilfreich ist auch, wenn Sie dringliche Aufgaben, so oft es geht, delegieren oder tauschen. Die Einleitung »Könnten Sie gerade mal eben schnell …« ist häufig ein Warnsignal, dass hier ein Zeitvampir versucht, Ihre Zeitplanung mit dringlichen, aber unwichtigen Aufträgen zu sabotieren. Fairerweise muss man allerdings dazu sagen, dass man selbst auch nur allzu gern in solche Aufträge mit Varianten von »Ach, vorher sollte ich noch kurz …« flüchtet. Behalten Sie immer im Hinterkopf, dass es vor allem die rein dringlichen Aufgaben sind, die Stress und Hektik verursachen.

→ Eine wirklich **WICHTIGE AUFGABE** bringt Sie Ihren Zielen wesentlich näher – ihre Erledigung ist am ertragreichsten. Mithilfe der wichtigen Aufgaben erzielen Sie Erfolge. Wichtige Aufgaben sollten Sie immer so bald wie möglich und selbst erledigen. In die Erledigung der sehr wichtigen Aufgaben sollten Sie daher den größten Teil Ihrer verfügbaren Zeit investieren. Planen Sie also unbedingt ausreichend Zeit für wichtige Aufgaben ein!

→ Eine Aufgabe, die WICHTIG UND ZUGLEICH DRINGLICH ist, erledigen Sie sofort.

→ Aufgaben, die WEDER WICHTIG NOCH DRINGLICH sind, sollten Sie möglichst gar nicht erst anfassen. Ihr Papierkorb ist in den meisten Fällen der perfekte Ort dafür.

TIPP

Die Eisenhower-Regel hilft Ihnen, Prioritäten zu setzen

→ Kategorie A: wichtig
→ Kategorie B: wichtig und dringlich
→ Kategorie C: dringlich

Die Frage »Bringt mich die Tätigkeit meinen Zielen wesentlich näher, ja oder nein?« ist ein wichtiges und efffektives Werkzeug im täglichen Widerstand gegen alle möglichen Anforderungen, Aufträge und Versuchungen, die an Ihrem Zeitbudget nagen. Schaffen Sie es, für Ihre Aktivitäten nicht nur jeweils einen Zeitbedarf abzuschätzen, sondern diese im Vorfeld auch noch nach Wichtigkeit und Dringlichkeit zu gewichten, haben Sie schon wesentliche Entscheidungen zugunsten Ihres Zeitbudgets und Ihrer Tagesplanung getroffen. Nun kann die geordnete Umsetzung folgen.

Die Erfahrung zeigt, dass folgende Verteilung der insgesamt planbaren Arbeitszeit (etwa 5 Stunden → Seite 23) am besten funktioniert: 60 Prozent für wichtige A-Aufgaben (entspricht etwa 3 Stunden), 20 Prozent (etwa 1 Stunde) für wichtige und dringliche Aufgaben und maximal 20 Prozent (höchstens 1 Stunde) für vorwiegend dringliche Aufgaben. Wenden Sie sich täglich so bald wie möglich Ihren A-Aufgaben zu. Wenn Sie sich am Ende des Tages wie ein Hamster im Hamsterrad fühlen, dann liegt der Verdacht nahe, dass Sie Ihre Zeit vorwiegend dringlichen, aber eher unwichtigen C-Aufgaben gewidmet haben. Diesen Zustand können Sie erheblich verbessern, wenn Sie den Anteil der C-Aufgaben (oder gar Tätigkeiten der Kategorie P) so weit wie irgend möglich zugunsten derer in der A- oder B-Kategorie reduzieren. Wenn Ihre Stelle oder Ihr Arbeitsauftrag gerade die häufige Erledigung von C-Aufgaben beinhaltet, sollten Sie zumindest versuchen, diese in schwache Leistungsphasen des Tages zu legen und sie

TIPP

Dringlich oder wichtig?

→ Dringlichkeit im Berufsalltag bedeutet: Ich muss eine Aufgabe zum Planungstermin erledigt haben, da sie später keine Bedeutung mehr hat. Wichtigkeit im Berufsalltag bedeutet: Wichtige Aufgaben bringen mich den Zielen näher. Bei wichtigen Aufgaben steht das meiste Geld auf dem Spiel. Mit der Erledigung wichtiger Aufgaben nutze ich mir und dem Unternehmen am meisten.

durch die verbindliche Absprache von Fertigstellungsterminen ohne Stress zu erledigen (→ Seite 109). Ob Sie dazu neigen, sich entgegen Ihrer Planung in C-Aufgaben zu verzetteln, können Sie an Ihren Aktivitäten-Protokollen der ersten Woche erkennen: Wie viele Ihrer Tagesaktivitäten würden Sie heute der Kategorie C zuordnen? Haben Sie dafür mehr als 20 Prozent Ihrer Arbeitszeit verwendet?

Job des Tages

Auf Ihren Aktivitätenlisten blieb bisher eine schmale Spalte ungenutzt. Diese können Sie heute füllen, indem Sie Ihre Aktivitäten Zeile für Zeile gewichten. Sie unterstützen sich so darin, zu den wichtigen Aufgaben zu kommen anstatt Ihre Arbeitszeit aus Versehen nur auf Dringliches zu verwenden. Kennzeichnen Sie von vorneherein Ihre eigentlichen Themen und erfassen Sie Ihre Schwerpunkte später mit einem Blick auf Ihre Listen.

Fangen Sie mit der aktuellen Aktivitätenliste in Ihrem Zeitbuch an. Entscheiden Sie sich für ein Set von drei Zeichen, mit dem Sie drei unterschiedliche Kategorien kennzeichnen können. Ordnen Sie jede Ihrer Aufgaben einer der folgenden Kategorien zu und vermerken Sie in der Spalte dahinter ein entsprechendes Zeichen:

→ **KATEGORIE A** für Aufgaben, die sehr wichtig für Ihre Vorhaben sind und Sie auf dem Weg zu Ihren Zielen ein wesentliches Stück weiterbringen: Nur Sie selbst wollen und können diese Tätigkeiten ausführen.

→ **KATEGORIE B** für Aufgaben, die wichtig und dringlich sind. Diese sollten Sie möglichst selbst erledigen, und zwar rechtzeitig. Passen Sie auf, dass Sie diese Aufgaben nicht als drückenden Ballast unnötig lange mit sich herumschleppen.

→ **KATEGORIE C** für Aufgaben, die vor allem dringlich sind. Versuchen Sie diese zu reduzieren, soweit wie möglich zu delegieren, verbindliche Absprachen zu deren Erledigung zu treffen und sie möglichst in Ihre leistungsschwächeren Phasen zu legen.

→ Für alle unwichtigen und nicht dringlichen Aufgaben wählen Sie die zeitsparendste KATEGORIE »P« wie Papierkorb. Die effektivste Verfahrensweise für Aufgaben dieser Kategorie ist, sie komplett zu streichen. Seien Sie mutig!

Da die Prioritätensetzung nach den oben genannten Kategorien auch ABC-Analyse genannt wird, könnten Sie einfach bei A, B und C bleiben. Eventuell bevorzugen Sie neutralere Zeichen, wie die Kombination von einem Punkt für C, einem Kreis für B und einem Kreis mit Punkt in der Mitte für A. Wichtig ist dabei nur, dass Sie von jetzt ab bei dem einmal gewählten Zeichencode bleiben.

Dass alle Aufträge, die Sie sich in Hinsicht auf Ihre Ziele selbst erteilt haben, der Kategorie A zuzuordnen sind, versteht sich von selbst. Bei Aktivitäten, die Sie der Kategorie C zuordnen, könnten Sie gleich überlegen, ob Sie diese nicht auch delegieren oder tauschen könnten. Notieren Sie gegebenenfalls als neue Aktivität, dass Sie jemand anderen beauftragen oder einen Tausch einleiten. Dieser Auftrag sollte die Priorität B bekommen: Er ist wichtig, damit Sie Ihr Zeitbudget entlasten, und er ist dringlich, weil auch der Beauftragte noch Zeit für die Erledigung einplanen können sollte.

Bearbeiten Sie alle Aktivitätenlisten der kommenden Tage und nächsten Wochen in Ihrem Zeitbuch, sofern diese schon angelegt sind, und gewichten Sie jeden Auftrag. Von jetzt an sollten Sie in Ihrer Planungsarbeit neue Aufgaben sofort beim Aufschreiben bewerten, damit Sie jederzeit und auf einen Blick erkennen können, wie sich Ihr Tag entsprechend gestalten könnte.

10 Minuten Tagesrückschau

Welche Erkenntnisse hat Ihnen der heutige Tag gebracht? Haben Sie A-, B- und C-Aufgaben erledigt? Wie war die Verteilung, blieb ausreichend Zeit für die Aktivitäten, die für Sie eine hohe Priorität haben?

Verzagen Sie nicht: Tätigkeiten zunächst nach Wichtigkeit zu ordnen und anschließend auch gegen jede Widrigkeit entsprechend abzuarbeiten, erfordert viel Übung und Disziplin. Wenn Sie diese Tagesaufgabe bearbeitet haben, sind Sie ein gutes Stück vorangekommen. Sie sollten sich jetzt noch Ihrem Rückschaubogen widmen und dabei auf keinen Fall versäumen, sich an Ihren Fortschritten und Ihren Tagesergebnissen zu erfreuen.

Tag 3: Vom Stapelwesen zur effizienten Ablage

Auch wenn Sie die Eingangsflut täglich neuer Materialien eingedämmt und zeitfressende Informationsquellen abgedichtet haben (→ Seite 27 ff.), landen dennoch eine ganze Reihe von Informationen und Materialien auf Ihrem Schreibtisch, die bearbeitet werden wollen. Dazwischen sammeln sich Notizen zu Telefonaten und Gesprächen, Briefe, Ideenzettel, Faxe, Aktennotizen aus anderen Abteilungen, geliehene Zeitschriften, CDs, zu bearbeitende Korrekturausdrucke… Schnell hat sich die Flut auf Nebentischen, Regalen, Fensterbrettern, an Pinnwänden, in den Schränken und manchmal auch unter dem Schreibtisch ausgebreitet – auch Sie könnten diese Liste beliebig fortsetzen, oder? Wie aber gefiele Ihnen alternativ folgendes Szenario:

Ihr Büro ist aufgeräumt und übersichtlich. Statt der überfüllten Pinnwand hängt dort jetzt Ihr Lieblingsbild. Keine Zettelhäufchen lenken Sie ab, Ihr Schreibtisch ist bis auf den aktuellen Vorgang und ein paar Werkzeuge leer und lädt Sie zu neuen Taten ein. Hier brennt ohne Ihr Wissen nichts an. Nichts schlummert halb vergessen in Stapeln und Anhäufungen von Zetteln. Alle Papiere und Unterlagen warten jetzt wohl ausgewählt und übersichtlich in Ihrer (neuen) Ablage auf ihren Aufruf. Dass nichts vergessen wird, obwohl Sie schon längst nicht mehr an Einzelheiten denken, dafür sorgen Ihre Aktivitätenlisten. Sie haben den Kopf und die Arbeitsfläche frei für das, was als Nächstes ansteht. Alles andere kann warten, bis es dran ist.

Wenn Sie sich eine ähnlich einladende und effiziente Arbeitsatmosphäre wünschen, dann wird es Zeit, sich über eine systematische Ablage Gedanken zu machen. »Wo soll ich nur anfangen?« ist da die häufigste Frage. »Ganz vorn«, schlage ich vor.

Da der aufgestellte Zeitplan gebietet, sich auf keinen Fall spontan mit jedem Papierstück zu beschäftigen, entstehen Stapel. Manchmal ahnen Sie, dass es irgendwo in so einem Haufen bereits anfängt brenzlig zu riechen – im übertragenen Sinne. Termine werden verpasst, Fristen nicht eingehalten. Sie hätten diese Unterlagen genauso gut auch gleich wegwerfen können. Und darin liegt der Anfang, nämlich konsequenterweise als Erstes den Papierkorb zum bevorzugten Ablageort zu machen. Nur rund vier Prozent aller abgelegten Informationen werden wirklich wieder benutzt. Werfen Sie daher alle Eingänge weg, die Sie mit nur geringer Wahrscheinlichkeit benutzen werden.

Ich besuchte vor einiger Zeit einen sehr freundlichen Beamten, um ein Anliegen vorzutragen. Er sagte zu, sich um meinen Wunsch zu kümmern, verwies aber gleichzeitig auf seine beschränkte Zeit. Sein Schreibtisch war – ohne zu übertreiben – flächendeckend mit einer circa 30 Zentimeter hohen Schicht Papier bedeckt. Er arbeite nach dem Kompostierungsprinzip, bedeutete er mir. Nach dem Prinzip würden, wenn er neue Themen immer oben auflegte, die unteren immer weniger relevant – was darin Ausdruck fand, dass die untersten Zettel von Zeit zu Zeit vom Tisch rutschten und er sie wegwarf. Ich beschloss daraufhin, bei meinem nächsten Besuch mein Anliegen mit einem Bändchen an einem gasgefüllten Luftballon zu befestigen, um dem Kompostierungsprinzip zu entgehen.

Was unwichtig ist, entscheidet nach diesem Prinzip die Zeit und die Größe des Schreibtisches. Vor allem scheint es jedoch nicht geeignet, Vorgänge zügig wiederzufinden und die richtigen Dinge in der richtigen

Zeit tun zu können. Ein gutes Ablagesystem dagegen hilft, Wichtiges jederzeit wiederzufinden, entlastet das Gedächtnis und schafft dringend benötigte Freiräume in Ihrem Alltag. Ich bevorzuge ein einfaches System, das aus schlichten Hängetaschen und Ordnern, einer Pultablage und einer Datenbank in der EDV besteht.

Hängetaschen und Ordner unterscheiden sich in dem System nur in der Aufnahmekapazität, deshalb bezeichne ich im Folgenden der Einfachheit halber beide Typen einheitlich als Akte. Jede Akte bekommt eine durchlaufende Nummer, wird einem Bereich zugeordnet und enthält maximal drei Stichworte zum Inhalt. Beispielsweise gibt es nach diesem System eine Akte 1000-O mit dem Bereich »Gräfe und Unzer« und den Stichworten »2004/2005«, »Manuskript«, »Zeitmanagement«. Ein weiterer Ordner ist beschriftet mit »1001-O – Gräfe und Unzer – Korrespondenz – Verträge«. Das O hinter der durchlaufenden Nummer gibt dem Suchenden in der Datenbank, in der alle Akten mit genau diesen Angaben gespeichert sind, einen Hinweis darauf, ob diese eher in den Aktenschränken (A) oder in dem Ordnerregal (O) zu finden ist. Manche sortieren die derart beschrifteten Akten ausschließlich in der Reihenfolge der Nummern in die Schränke. Das hat zur Folge, dass ohne die Datenbank in der EDV ein

TIPP

Abschied vom »Stapelwesen«

→ Ein Stapel ist die zeitaufwändigste Ablageart, das gilt auch für jede Art von Lektüre. Nehmen Sie deshalb Abschied vom »Stapelwesen«. Machen Sie sich eine Markierung in der Höhe Ihrer Wahl neben dem Stapel der Zeitungen und Zeitschriften, die Sie sich vornehmen zu lesen, »wenn Sie mal Zeit dafür haben«. Wenn der Stapel die Markierung erreicht hat, werfen Sie ihn einfach komplett weg. Die Erfahrung zeigt: Dinge, die Sie bis dahin nicht gelesen haben, werden Sie auch aller Wahrscheinlichkeit nach in Zukunft nicht lesen – und auch nicht vermissen!

inspirierendes Durchblättern zum Beispiel aller vorhandenen Hängetaschen zu einem Themenbereich nicht möglich ist. Um den Inhalt der drei gelisteten Akten zum Thema X anzuschauen, muss man eventuell drei verschiedene Aktenschränke öffnen. Das Sortieren nach Themenbereichen und erst innerhalb der Bereiche nach Nummern hat sich hier als effizienter erwiesen. Man ist nicht so sehr auf die EDV angewiesen und kann sich schnell einen Überblick über alle abgelegten Unterlagen zu diesem Thema verschaffen. Allerdings sollten Sie darauf achten, dass Sie Ihre Gesamtablage nicht in zu viele Themenbereiche zergliedern. Auch sollten Sie von Zeit zu Zeit veraltete Informationen ausmisten. Auf diese Weise bleibt eine Ablage über die Jahre schlank und aktuell.

Was tun mit Ein-Blatt-Informationen?

Wenn Sie mit einem PC arbeiten, ist die einfachste Ablagemethode für wichtige aber nicht aktuelle Ein-Blatt-Informationen, die sich nirgendwo sonst richtig zuordnen lassen, folgende: Jeden Zettel, jeden Brief, jede Information versehen Sie rechts oben mit einer fortlaufenden Nummer. Sie heften diese Seiten einfach hintereinander in einem Sammelordner ab – aktuellste Nummer nach oben. Den gesamten Ordner sortieren Sie in Ihr Ablagesystem als eine Akte ein und beschriften diesen entsprechend. Parallel dazu legen Sie ein Dokument in Ihrem Schreibprogramm oder Ihrer Aktendatenbank an, um fortlaufend jede Nummer zu notieren und jeweils mit ein paar prägnanten Stichworten zu versehen. Über die Suchfunktion Ihrer Textverarbeitung finden Sie so leicht zu einem Stichwort die passenden Nummern und in Ihrem Sammelordner dann über die Nummern die betreffenden Unterlagen wieder. Wann immer Sie etwas aus dem Sammelordner entnehmen, heften Sie als Platzhalter ein Blatt mit einer Notiz zu der betreffenden Nummer und zum Verbleib an der Entnahmestelle ein – das spart später längeres Suchen.

Job des Tages

Sie sollten die heutige Tagesaufgabe dazu nutzen, Ihre Ablage zu optimieren. Wenn Sie im Prinzip bereits ein gutes System gefunden haben, oder betriebsintern an ein durchgehendes Ablagesystem angebunden sind, könnten Sie heute Ihre Akten und Ablagen gründlich ausmisten, durchsortieren und ergänzen. Die Zeitknappheit hat sicherlich auch bei Ihnen Häufchen und Stapel in den Ecken wachsen lassen, oder? Rücken Sie den größten heute zu Leibe und verschaffen Sie sich ordentlich Luft.

Wenn Sie über eine chaotische Ablage oder gar keine systematische Ablage verfügen, dann empfehle ich Ihnen, der folgenden Schritt-für-Schritt-Anleitung zu folgen und sich so heute eine neue Ablage einzurichten. Planen Sie ausreichend Zeit für diese Aufgabe ein, aber auch nicht ausufernd viel – denn dann brauchen Sie entsprechend länger! Sie benötigen dafür zunächst möglichst viel freie Fläche auf einem Tisch (nicht Ihrem Schreibtisch!) oder notfalls auch auf dem Fußboden. Darüber hinaus benötigen Sie

→ einfache Papp-Hängetaschen mit Reiter
→ einige Ordner
→ einen Stapel größerer Post-its
→ einen Stapel Klarsicht-Prospekthüllen
→ einen Aktenschrank, der Ihre Akten aufnehmen kann, und gegebenenfalls Regalfläche für Ordner
→ einen großen Umzugskarton oder Papierkorb, den Sie auch gefüllt leicht abtransportieren können.

Jetzt können Sie anfangen. Machen Sie sich die Regeln der WEWA-Methode zunutze. WEWA steht dabei für Wegwerfen, Erledigen, Weitergeben, Ablage. Teilen Sie die freie Fläche entsprechend in vier Felder:

1 DAS ERSTE FELD IST IHR WEGWERFEN-FELD: Darauf stellen Sie den großen Karton oder einen geräumigen Papierkorb.

2 **DAS ZWEITE FELD HEISST ERLEDIGEN-FELD:** Hier sammeln Sie alle Unterlagen, die Sie demnächst zum Erledigen von Aufträgen und Aktivitäten benötigen.

3 **DAS DRITTE FELD STEHT FÜR WEITERGEBEN:** Hier kommt alles zu liegen, was Sie an andere weitergeben möchten.

4 **DAS VIERTE FELD IST DAS DER ABLAGE** und ist Unterlagen vorbehalten, die in Zukunft für Sie von Wert sind und die Sie sicher wieder gebrauchen werden.

Nehmen Sie sich nun als Erstes die schon fast verstaubten Stapel vor – das gibt schnelle Erfolge. Anschließend kommen die dran, in denen Sie bereits brenzlig duftendene Aufträge und Fristen vermuten. Es wird zwar immer wieder dazu geraten, beim Aufräumen kein Blatt zweimal in die Hand zu nehmen, ich allerdings gehe lieber nach dem Prinzip »Teilen und Reduzieren« vor. Dazu teilen Sie den Stapel zunächst in zwei Stapel nach den Kriterien »Aufheben« oder »Wegschmeißen«. Arbeiten Sie dabei sehr zügig, denn mit zunehmendem Nachdenken fällt einem für jedes Papierstückchen noch eine Verwendungsmöglichkeit ein. Nehmen Sie jedes Teil einzeln in die Hand und stellen Sie sich genau in diesem Wortlaut folgende Frage »Werde ich diese Unterlage noch benutzen, ja oder nein?« Wenn nicht, werfen Sie sie in den großen Karton in Feld 1. Fragen Sie auf keinen Fall »Kann ich es noch gebrauchen?«, sondern beharrlich »Werde ich es noch benutzen?« – Sie werden merken, es macht einen Unterschied. Vor allem veraltete Kataloge, Fahrpläne, Karten, Zeitschriften, Korrekturabzüge, Grußkarten, Zeitungsausschnitte und Prospekte werden wahrscheinlich mit zu den 96 Prozent der Inhalte Ihrer Ablage gehören, die Sie laut Statistik nie wieder anfassen werden. Also besser gleich weg damit! Von manchen dicken Prospekten oder Programmen würden Sie sich eventuell trennen, aber eine kleine Detailinformation wie die abgedruckte Adresse ist noch wichtig für Sie? Reißen

Sie den relevanten Abschnitt einfach heraus, machen Sie eventuell noch eine kleine Notiz zur Quelle darauf und lagern Sie diesen dann in einer neuen Prospekthülle. Die Hülle versehen Sie mit einem Post-it, auf den Sie schreiben: »Adressen, erfassen« und legen diese in das Erledigen-Feld. Nach dieser Prozedur wirken die meisten Stapel nur noch halb so bedrohlich, ein erster Erfolg der Sortieraktion ist bereits zu verbuchen.

Die Unterlagen im übrig gebliebenen Stapel ordnen Sie nun Stück für Stück einem der drei anderen Felder zu: Erfordert die Unterlage eine Handlung von Ihnen, notieren Sie diese in Kurzform als Aktivität auf einem Post-it, kleben es auf und legen das Papier in das Erledigen-Feld. Möchten Sie Materialien an jemanden geben, der diese gebrauchen könnte oder dem Sie eventuell sogar gehören, dann notieren Sie direkt darauf oder auf einem Post-it den Namen des Adressaten. Kleine Teile stecken Sie in eine Prospekthülle, größere legen Sie direkt in das Weitergeben-Feld. In das Ablage-Feld legen Sie alle Unterlagen, von denen Sie ganz sicher sind, dass Sie diese noch benutzen werden. Alles, was in dieses Feld gelegt wird, bekommt – sobald es über den Umfang eines Blattes hinausgeht – eine eigene Hängetasche und, wenn absehbar ist, dass das vom Platz her nicht reichen wird, einen eigenen Ordner. Einzelne Papierstücke, Faltblätter oder ähnliches legen Sie erst einmal zusammen in einer Prospekthülle »Sammlung« ab.

Ob Ordner, Hängetasche oder provisorische Prospekthülle – alles wird mit einem Stichwort auf einem Post-it versehen. Diese provisorische Beschriftung ist wichtig, denn Sie hilft Ihnen, einmal angelegte Akten und Hüllen in den Feldern schnell wiederzufinden, falls ein weiteres Blatt auftaucht, das dort mit hineinpasst. Außerdem merken Sie schon beim Sortieren Ihrer Stapel, wie sich bestimmte Themenbereiche und Rubriken herauskristallisieren, nach denen Sie Ihr Ablagesystem ordnen könnten. Zu guter Letzt sind die Post-its Spickzettel, mit denen Sie sich eine Erleichterung für den nächsten Arbeitsgang schaffen.

Treffen Sie jetzt aber erst einmal für jedes Stück Papier und für jede Unterlage, die Sie zur Hand nehmen, eine Entscheidung. Erst dann nehmen Sie das nächste Blatt zur Hand, bis der Stapel komplett auf die drei Felder verteilt ist.

Im dritten Schritt nehmen Sie sich jetzt die Inhalte jeweils eines Feldes vor. Im Ablage-Feld haben Sie unter anderem vielleicht einen Katalog, einen Marketingbericht, ein Farbmuster und eine Prospekthülle mit umfangreicher Korrespondenz mit einem Projektpartner aufgehäuft. Jetzt gilt es zu entscheiden, nach welchen Bereichen Sie Ihre Großablage sortieren möchten. Der eine wählt eine organisatorische Bereichsunterteilung in Verwaltung, Lieferanten, Kunden, EDV. Ein anderer nimmt die Unterteilung vielleicht mehr nach fachlich-inhaltlichen Gesichtspunkten vor: Luft, Wasser, Erde. Denken Sie ruhig in Schubladen in Ihrem Aktenschrank – das hilft, nur wenige übergeordnete Bereiche zu benennen. Versehen Sie jetzt jede Akte mit einem neuen Post-it. Darauf notieren Sie sorgfältig jeweils viererlei:

→ eine durchlaufende Nummer, beginnend mit 0001. (Nur das Voranstellen von Nullen bei der Nummerierung der Akten macht es später in der EDV möglich, alle Einträge nach Nummern sortieren zu lassen.)
→ ein A oder ein O, abhängig davon, ob es sich bei der Akte um einen Ordner oder um eine Hängemappe handeln soll
→ einen der oben gewählten Themenbereiche sowie
→ maximal drei assoziative Stichworte, die den Inhalt der Akte beschreiben. Wählen Sie solche Stichworte, nach denen Sie eine Datenbank durchsuchen würden, wenn Sie den Inhalt bräuchten.

Auf dem Post-It der Akte, die den Katalog enthält, könnte zum Beispiel stehen: »0001 A Lieferant Firmenname – Bürobedarf – Versandhandel«. Der Marketingbericht würde mit »0002 A Marketing Firmenname – Bericht – Jahresangabe« verschlagwortet, das Farbmuster mit »0003 A Herstellung Farbmuster – Wolle – rot«.

Die Prospekthülle mit der gesammelten Korrespondenz ist inzwischen prall gefüllt – es lohnt, einen Ordner anzulegen. Dieser bekommt das Post-it-Etikett »0004 O Projekt Firmenname – Korrespondenz – Jahresangabe«. Da Ihr Fokus für heute darauf liegt, eine Ablagesystematik zu entwickeln und die Stapel um Sie herum zu reduzieren, heften Sie einfach alle Blätter zunächst unsortiert ab. Das Sortieren des Ordnerinhalts nehmen Sie sich für später vor. Damit Sie das nicht vergessen, legen Sie sofort einen wichtigen – nicht dringlichen – Auftrag in eigener Sache in einer Ihrer Aktivitätenlisten der nächsten Tage an, zum Beispiel so: »chronol. sortieren → 0004 O (10 Min. w-nd)«. Für den Inhalt der Prospekthülle »Sammlung« empfehle ich Ihnen das Anlegen eines Sammelordners (→ Seite 90).

Jetzt sortieren Sie die beschrifteten Hängetaschen und Ordner in Schränke und Regale ein. Achten Sie darauf, dass die Post-its auf den Hängetaschen oben hervorstehen wie die echten Reiter, so dass Sie auch mit dem Post-it-Provisorium die gesuchte Akte schnell finden. Mit diesem Teil der Aufgabe sind Sie im Anlegen einer Ablage ein erhebliches Stück vorangekommen, der Grundstock ist gelegt, die Systematik definiert. Nun widmen Sie sich dem Stapel im Weitergeben-Feld.

Weitergeben ist eine Aktivität. Formulieren Sie jetzt zu jeder Unterlage auf diesem dritten Feld eine entsprechende Aktivität: Was werden Sie wann tun, um alle Teile los zu werden? Konsultieren Sie Ihr Zeitbuch und legen Sie mit einem Auftrag an sich selbst zu jeder Unterlage gesondert fest, wann Sie was an wen (zurück)geben möchten. Damit Sie Weiterzugebendes wiederfinden, definieren Sie einen festen Ablageort und für diesen eine Abkürzung, beispielsweise einen einen Regalabschnitt (RW – Regal Weitergeben) für Bücher oder auch eigenen Bereich »Weitergeben« in Ihrem Aktenschrank. Eine Aktivität in Ihren Aktivitätenlisten könnte dann beispielsweise so aussehen: »Müller → 0006 A (10 Min. w-nd). Die Hängetasche in der allerlei Zettel und Prospekte für Müller abgelegt sind, ist mit »0006 A Weitergeben Müller« beschriftet.

Nachdem Sie nun das dritte Feld geleert haben, bleibt noch der Stapel auf dem Erledigen-Feld zu verarbeiten. Beginnen Sie mit dem zuoberst Liegenden und entscheiden Sie zwischen folgenden Möglichkeiten:

→ **AKTE VORHANDEN, AKTIVITÄT NOTIEREN:** Passt die Unterlage, das Papier, der Schnipsel in eine Akte, die Sie bereits angelegt haben? Wenn ja, dann notieren Sie sich eine entsprechende Aktivität in Ihren Aktivitätenlisten und vermerken den Ablageort. Ein Beispiel: Sie möchten auf den Brief des Projektpartners antworten. Das wird zirka zehn Minuten dauern, ist nicht wichtig, aber dringlich: »Brief beantw. → 0004 O (10 Min. nw-d)«, den Brief selbst heften Sie in die Akte »0004 O Projekt Firmenname – Korrespondenz – Jahresangabe«.

→ **SAMMELORDNER, AKTIVITÄT NOTIEREN:** Vielleicht ist die Unterlage nach Erledigung zur späteren Wiederverwertung eher in Ihrem Sammelordner gut aufgehoben? Ein Prospekt eines neuen Grafikers wäre ein Beispiel für eine solche Unterlage. Legen Sie diese jetzt schon dort ab, aber nicht, ohne gleichzeitig eine Aktivität zur Erledigung (»Preise für … erfragen [5 Min. nw-d]«) in Ihren Listen mitsamt einem Verweis auf den Ablageort zu notieren.

→ **NEUE AKTE ANLEGEN, AKTIVITÄT NOTIEREN:** Passt die Unterlage zu keiner der bisher angelegten Akten sollten Sie sich fragen, ob es sich lohnt, eine eigene neue Akte anzulegen – zum Beispiel könnte dies der Fall sein, wenn Sie Prospektmaterial anfordern und dieses dann demnächst verstauen möchten. Dabei verfahren Sie wie im dritten Schritt beschrieben (→ Seite 94 f.). Der Stapel in diesem Feld enthält eventuell auch eine Tasche »Adressen, erfassen«, in der Sie alle gefundenen Visitenkarten und ausgerissenen Adressschnipsel untergebracht haben. Ich persönlich habe den noch zu erfassenden Adressen eine eigene Akte in meiner Ablage gewidmet. Der Inhalt dieser Akte wird routinemäßig durch einen Auftrag in der Aktivitätenliste geleert und verarbeitet. Vielleicht macht es für Sie ebenfalls Sinn, solch eine dauerhafte Routine-Akte anzulegen?

→ **TEMPORÄRE ABLAGE, AKTIVITÄT (ODER VERMERK ZU TERMIN) NOTIEREN**: Falls Sie die Unterlage nach Erledigung der Aufgabe nicht mehr benötigen werden, legen Sie diese in einer temporären Ablage ab (→ Seite 15 f.). Haben Sie noch keine solche angelegt, legen Sie die Unterlagen, die Sie nur noch für die Erledigung der Aufgabe benötigen, danach aber nicht aufbewahren möchten, erst einmal wieder zurück in das Feld.

Lassen Sie nicht locker, bis Sie jedes einzelne Blatt auch aus dem Erledigen-Feld abgelegt und jeweils eine Sie selbst zum Erledigen auffordernde Aktivität in Ihr Zeitbuch eingetragen haben. Als letztes vermerken Sie in Ihren aktuellen Aktivitätenlisten zwei Aufträge: »neue Akten in Datenbank einpflegen (x Min. w-nd)« und »neue Akten Etiketten anfertigen (x Min. w-nd)«.

10 Minuten Tagesrückschau

Nach einem Tag voller Sortier- und Aufräumarbeiten, sollten Sie nun Ihre Erfolge genießen. Wenn Sie die Tagesaufgabe beherzt und ausdauernd angegangen sind, dann könnte der Lohn jetzt vierfach sein:
→ ein funktionierendes Ablagesystem
→ UND sichtbarer Platzgewinn in Ihrem Arbeitsbereich
→ UND Aktivitätenlisten, die Sie zuverlässig aufrufen werden, den ehemaligen Stapelinhalt rechtzeitig zu erledigen
→ UND ein Kopf, der ein wenig freier für Ihre wichtigen Anliegen ist.

Wäre es das nicht Wert, bald noch weitere Stapel und Häufchen in Ihrem Büro wegzusortieren? Sie könnten gleich jetzt dafür einen neuen Auftrag an sich selbst eintragen, zum Beispiel: »Stapel sortieren → Büro (120 Min – w)«! Bitte vergessen Sie aber auch nicht, ein Resümee des heutigen Progammtages auf einem frischen Rückschaubogen zu ziehen.

Tag 4: Erfahrung nutzbar machen

Gibt es auch in Ihrem Alltag Tätigkeiten, die immer und immer wieder vorkommen? Gibt es Ereignisse wie die jährliche Weihnachtsfeier, die monatliche Ausstellung, der vierteljährliche Rundbrief, Dienstreisen oder ähnliches? Haben Sie schon einmal darüber nachgedacht, wie viel Rationalisierungspotenzial in den Erfahrungen liegt, die Sie beim Organisieren solcher Ereignisse gesammelt haben? Sie könnten Ihre Planungsphasen erheblich effektiver gestalten, wenn Sie sich Checklisten für alle Tätigkeiten, die sich öfter wiederholen anlegen. Mithilfe von Aufstellungen aller nötigen Arbeitsschritte können Sie direkt an die Abarbeitung der Liste gehen und Aufgaben verteilen. Beschränken Sie die vorbereitende Planung darauf zu prüfen, ob sich und was sich im Vergleich zum letzten Mal verändert hat und um welche Punkte Sie Ihre Checkliste gleich ergänzen oder kürzen sollten. Anschließend erstellen Sie einen Zeitplan und legen los. Die Arbeit mit Checklisten hat zudem den immensen Vorteil, dass Sie seltener etwas vergessen und Versäumnisse in der Planung nicht zweimal vorkommen. Erfahrene Checklistennutzer sehen dazu auf den Listen ausreichend Raum für weitere Einträge vor, sodass ihnen ihre neu gewonnenen Erfahrungen beim nächsten Mal zugute kommen.

Das Prinzip der Checklisten für Tätigkeiten lässt sich auch mühelos auf Gegenstände übertragen. Als ebenso zeitsparend erweisen sich hier Teilelisten, die anders als Checklisten nicht Tätigkeiten, sondern Materialien aufzählen, die Sie für ein wiederkehrendes Vorhaben benötigen. Ich selbst zum Beispiel habe über die Jahre eine genau auf meine Bedürfnisse zugeschnittene Teileliste für meinen Moderationskoffer entwickelt. Nach jedem Seminar, in dem ich Materialien entnommen oder benutzt habe, wird der Koffer wieder in seinen gebrauchsfertigen Zustand versetzt. Ich muss inzwischen nicht mehr zeitaufwändig überlegen, was ich wohl benötigen werde – die Teileliste gibt zuverlässig Auskunft. Sind alle vermerkten Gegenstände enthalten, werde ich im Seminar mit großer Wahrscheinlichkeit nichts vermissen. Fehlt doch etwas, ergänze ich meine Liste gleich handschriftlich und im Büro dann in der Orginaldatei. Ab sofort sorgt die aktualisierte Teileliste dafür, dass ich auch diese Gegenstände griffbereit dabei.

In der Praxis funktioniert die Arbeit mit Listen dann besonders gut, wenn der Zugriff darauf schnell und leicht erfolgen kann. Es lohnt sich im Computer einen eigenen Ordner »Checklisten« oder ähnlich anzulegen und durch sinnvolle Bezeichnungen die gesuchte Liste darin schnell auffindbar zu gestalten (in meinem Büro werden die Listen zentral in der EDV gepflegt und in einem Dateiordner »Formulare« abgelegt). Sind die Listen von Hand geschrieben, werden Sie sich vielleicht einen Stehordner anlegen, in dem jeweils einige Kopien jeder Liste abgeheftet sind. In der Ordnervariante sollten Sie grundsätzlich jeweils ein Exemplar der aktuellen Liste in einer Prospekthülle und alle Kopien derselben davor abheften. Auf diese Weise vermeiden Sie, die kostbare Kopiervorlage aus Versehen mit zu verwenden.

TIPP

Verwendungsmöglichkeiten für Listen

→ Checklisten können Sie bei allen komplexeren Aktionen und sich wiederholenden Projekten wie beispielsweise Reisen, Besprechungen, Besuche, Feiern, Bedienung von Geräten, Vorträgen, Auftragsabwicklungen, Kontrolle von Produktionsabläufen, Qualitätsprüfungen, Antragstellungen, Wartungsarbeiten zeitsparend zum Einsatz bringen. Anlassbezogene Sammlungen von Gegenständen wie zum Beispiel Aktentaschen, Einkäufe, Ausrüstungen, Reiseunterlagen, Schrank- und Schubladeninhalte, Software, Fachliteratur werden in Teilelisten zusammengestellt.

Check- und Teilelisten sollen übrigens keinen Designwettbewerb gewinnen. Verschwenden Sie also keine Zeit für die Ausgestaltung besonders schöner Listen – sie sollten einfach praktisch sein, übersichtlich und, bei Bedarf erweiterbar.

Job des Tages

Sicher gibt es auch in Ihrem Alltag wöchentlich wiederkehrende (Routine-)Tätigkeiten. Mit Ihrer heutigen Tagesaufgabe können Sie diese nach dem Checklisten-Prinzip organisieren. So vergessen Sie in Zukunft keine davon und vor allem müssen Sie nicht mehr daran denken, sie zu erledigen. Erstellen Sie sich als Erstes eine Checkliste »Regelmäßige Aufträge an mich selbst«. Nutzen Sie dafür fünf leere Aktivitätenlisten aus der Reserve in Ihrem Zeitbuch. Verwenden Sie eine Liste für jeden Wochentag. Ob es zum Beispiel das Überweisen offener Rechnungen an jedem Dienstag, die Kontrolle der Zahlungseingänge an jedem Donnerstag, die Reisekostenabrechnung jeden Montag oder sicherlich die Planung Ihrer kommenden Woche an jedem Freitagabend ist, Sie schreiben alle Tätigkeiten untereinander auf und halten Ihre Erfahrungswerte für die jeweils benötigte Zeit fest. Sorgen Sie dafür, dass einige Zeilen am Ende leer bleiben – gegebenenfalls nehmen Sie für einzelne Tage eine weitere leere Liste dazu, um mehr Platz zur Verfügung zu haben.

Sobald das Sammeln der wöchentlich wiederkehrenden Tätigkeiten abgeschlossen ist, kopieren Sie die gefüllten Checklisten zwei Mal. Jetzt sortieren Sie die Kopien für die laufende und die nächste Woche in Ihr Zeitbuch ein, und zwar jeweils vor das eigentliche Aktivitätenblatt des Tages. Ihr Zeitbuch beinhaltet damit für jede Kalenderwoche:

→ Montagskopie Checkliste »Regelmäßige Aufträge an mich selbst«
→ Aktivitätenliste für Montag
→ Dienstagskopie Checkliste »Regelmäßige Aufträge an mich selbst«
→ Aktivitätenliste Dienstag

- → Mittwochskopie Checkliste »Regelmäßige Aufträge an mich selbst«
- → Aktivitätenliste Mittwoch
- → Donnerstagkopie Checkliste »Regelmäßige Aufträge an mich selbst«
- → Aktivitätenliste Donnerstag
- → Freitagskopie Checkliste »Regelmäßige Aufträge an mich selbst«
- → Aktivitätenliste Freitag

Die Originale mit Ihren gesammelten Routineaktivitäten verstauen Sie in einer Prospekthülle und heften diese in Ihrem Zeitbuch ab. Für den letzten Tag der übernächsten Woche notieren Sie eine Aktivität: »Listen Regelm. Aufträge kopieren/einfügen → ZB«. Mit Übung werden Sie später eventuell auch mit einer einzigen Checkliste »Regelmäßige Aufträge an mich selbst« für die ganze Woche auskommen.

Das weitere Vorgehen ist von jetzt an bekannt und einfach: Gehen Sie jeden Tag nicht nur Ihre aktuelle Aktivitätenliste in Ihrem Zeitbuch durch, sondern auch kurz Ihre Checkliste »Regelmäßige Aufträge an mich selbst«. Prüfen Sie, welche Aktivitäten für heute vorgesehen sind, und erledigen Sie diese mit. Mit dieser Technik haben Sie sich nicht nur eine zuverlässige und aktiv Ihr Gedächtnis entlastende Checkliste erarbeitet, sondern zugleich auch auf elegante Weise Ihre Aktivitätenlisten vervollständigt. Der auf der Liste jeweils mit festgehaltene Zeitbedarf für die sich wiederholenden Aktivitäten hilft Ihnen, diese bei Ihrer Zeitplanung für den jeweiligen Tag mit einzukalkulieren.

In nächster Zeit fallen Ihnen eventuell noch weitere Routinetätigkeiten ein, an die Sie sich erinnern möchten. Ergänzen Sie diese in Ihren Original-Routinen-Checklisten und tauschen Sie das jeweils aktualisierte Original in der Prospekthülle aus.

10 Minuten Tagesrückschau

Wie ist lang sind Ihre Checklisten der Routinetätigkeiten geworden? Vielleicht ist Ihnen bei der Tagesaufgabe das erste Mal bewusst geworden, wie viele Ihrer Tätigkeiten sich ständig wiederholen? Vielleicht haben Sie aber auch festgestellt, dass Sie noch viele Tätigkeiten und Materialiensammlungen mittels der beschriebenen Listen effektiver gestalten könnten? Der Rückschaubogen wird Sie zu den Erkenntnissen des Tages befragen. Nehmen Sie sich diese zehn Minuten Zeit.

Tag 5: Effizient kommunizieren

Ineffektive Besprechungen sollen angeblich die deutschen Unternehmen jährlich ein Vermögen kosten! Glauben Sie das? Ich ja. Erhalten auch Sie Einladungen zu Besprechungen ohne eine Tagesordnung? Wie oft gehen Sie zu Konferenzen oder zum Gespräch mit der Kollegin, ohne zu wissen, was Sie erwartet und – ehrlicherweise – ohne zu wissen, was genau Sie dort eigentlich erreichen wollen? Workshops werden angesetzt, um »mal darüber zu reden«, aber über was, weiß eigentlich keiner so genau. Nicht nur die Vorbereitung, auch der Verlauf vieler Besprechungen leidet an mangelnder Effizienz. Schweigefische und Redelöwen beherrschen das Feld mit Übergriffen oder Rückzügen, nur in der Sache kommt die Runde nicht weiter. Sind dennoch gute Ergebnisse erreicht, die man wirklich als solche bezeichnen kann, dann scheitert die Umsetzung an fehlenden verbindlichen Vereinbarungen am Ende: »Wer, was, bis wann, mit wem?« Auch für die folgende Ursache für Zeitverluste werden Sie wahrscheinlich Beispiele kennen: Wenn es überhaupt ein Protokoll gibt, dann gleicht es einer wenig konkreten Prosasammlung; es verwässert die Vereinbarungen oftmals bis zur Unkenntlichkeit und wird zu allem Übel meist so spät zugestellt, dass erste Termine schon verstrichen sind. Diesem ineffektivem Besprechungswesen sind Sie aber keineswegs machtlos ausgeliefert. Die Checkliste in der hinteren Buchklappe hilft Ihnen, aktiv auf die Gestaltung von Besprechungen, Sitzungen und Konferenzen Einfluss zu nehmen.

Ähnlich wie im Besprechungswesen geht es leider oft auch in der Kommunikation per Mail, Fax und Post zu. Ellenlange E-Mails in Ihrem Posteingang verraten Ihnen alles Mögliche, nur nicht die wesentlichen Informationen: »Wer, was, bis wann, mit wem?« Betrachtete man Telefonate, Faxe oder Briefe sowie E-Mails nüchtern als Informationsübertragungsmittel, so könnte das Sprichwort »In der Kürze liegt die Würze« so manchem einen Weg weisen. Zeit kosten dabei nicht nur die Mitteilungen, die wir empfangen, sondern auch die, die wir verfassen. Während Sie die Kommunikationsgepflogenheiten Ihrer Mitmenschen wenn überhaupt, dann nur sehr eingeschränkt beeinflussen können, liegt es sehr wohl in Ihrer Hand, Ihre eigene Kommunikation zu effektivieren. Wie lang sind Ihre E-Mails? Wie gut bereiten Sie Ihre Telefonate vor und nach? Wie lang ist der Brief, den Sie verschicken? Haben Sie ein klar strukturiertes Faxformular, das auf seine Effizenz hin optimiert ist? Kurzum, das Besprechungs- und Kommunikationswesen ist, was Zeitressourcen betrifft, ein schwarzes Loch. Es lohnt sich zu prüfen, was Sie dazu beitragen könnten, mit effizienterer Kommunikation Zeit zu gewinnen.

Job des Tages

Die heutige Tagesaufgabe unterstützt Sie darin, die wahrscheinlich auch in Ihrer Kommunikation schlummernden Zeitreserven zu aktivieren. Nachfolgend finden Sie bewährte Anregungen für den Umgang mit E-Mails, Faxen, Telefonaten und Gesprächen. Prüfen Sie, inwieweit Sie diese bereits umsetzen oder, wenn nicht, ob Sie mit der einen oder anderen Ihre Arbeitsabläufe effektiver gestalten könnten. Vermerken Sie in der schmalen Spalte hinter jedem Vorschlag, ob Sie bereits genau so oder sehr ähnlich zeitsparend verfahren (✓), ob der Vorschlag für Sie eher nicht in Frage kommt (-) oder ob er Ihnen sinnvoll zu integrieren scheint (+). Wenn Sie nicht direkt in das Buch schreiben möchten, kopieren Sie sich die Checkliste einfach.

» MASS-NAHME	WAS SIE TUN KÖNNEN	✓/-/+
Aussagekräftige Betreffzeilen schreiben	Schreiben Sie in die Betreffzeile aussagekräftige Begriffe. Vermerken Sie zum Beispiel das Projekt, um das es geht, welche Verfahren es betrifft und so weiter. Wenn Ihre E-Mail Informationen enthält, der Empfänger aber nicht handeln muss, schreiben Sie an den Anfang der Betreffzeile ‹**FYI**› als Abkürzung für »for your information«. Wenn Ihre Mail zu Handlungen auffordert, schreiben Sie an den Anfang der Betreffzeile ‹**for action**›. Manchmal ist der Inhalt einer E-Mail so kurz, dass er ganz in die Betreffzeile passt. In diesem Fall schreiben Sie ans Ende der Betreffzeile ‹eom›« als Abkürzung für »end of message«. So weiß der Empfänger, dass er diese E-Mail nicht zu öffnen braucht. Wenn Ihnen das zu unpersönlich ist, können Sie ihm ja trotzdem einen Gruß in die E-Mail schreiben. Tipp: Wenn Sie beginnen, diese Abkürzungen zu verwenden, sollten Sie am besten für eine Übergangszeit die ausführliche Version mit dazu schreiben. Nach und nach werden sich Ihre Adressaten an diesen Stil gewöhnen und die Zeichen richtig deuten können.	
Vorlagen einrichten	Legen Sie sich auch für E-Mails in Ihrem Mailprogramm Vorlagen an. In den Vorlagen sollte nicht nur jeweils Ihre Adresse im Fuß stehen, sondern auch schon Ihre Grußformel. Vor allem die verschiedenen Varianten der Betreffzeile können schon vorgefertigt werden. Je nach Bedarf wählen Sie dann einfach ein anderes Muster. Halten Sie Ihre Vorlagen stets aktuell. Tipp: Wenn Sie zu bestimmten Zeiten auf keinen Fall gestört werden möchten, könnten Sie standardmäßig charmant »Zeiten, zu denen ich gut zu erreichen bin« angeben.	
Mut zur »Ungelesen-gelöscht«-Meldung	Schauen Sie sich Ihre E-Mails grundsätzlich im Vorschaufenster an. Das spart die Zeit, jede Mail einzeln zu öffnen. Tipp: Wenn Sie Mails schon nach der Betrachtung im Vorschaufenster löschen, bekommt	

	der Sender (je nach Voreinstellung unter »Optionen« des Programms) die Meldung, Sie hätten die Mail ungelesen gelöscht. Erklären Sie in Ihrer Absender-Signatur, dass Sie Ihre Mails auf diese Art und Weise lesen und dass Sender diesen Schluss nicht ziehen sollen.
Posteingang konsequent leeren	Sortieren Sie täglich Ihre Korrespondenz. Bevor Sie etwas archivieren, fragen Sie sich konsequent: »Brauche ich dies wirklich noch?« Denken Sie sich auch für Ihr E-Mail-Programm ein Ablagesystem aus, in dem Sie E-Mails leicht wiederfinden können: Manche legen sich einen Ordner für jeden Monat an, andere benutzen sachbezogene Ordner, wieder andere drucken die wesentlichen Mails aus und sortieren die Ausdrucke in ihre Aktenablage. Realisieren Sie die Lösung, die Ihnen am effektivsten erscheint. Für alle Korrespondenz, die Sie nicht mehr unbedingt brauchen, gilt: Sofort wegwerfen beziehungsweise sofort löschen! Tipp: Übernehmen Sie nach Möglichkeit für die Ordner in Ihrem Mailprogramm mindestens auch die Nummer der entsprechenden Akte in Ihrer Großablage. So sparen Sie Zeit beim Suchen.
Telefongespräche systematisch vorbereiten	Meistens investieren Sie Zeit in ein Telefonat, um bestimmte Ergebnisse zu erreichen. Bereiten Sie sich daher systematisch auch auf Telefonate vor, damit Sie in kurzer Zeit maximal erfolgreich sein können. Eine jederzeit greifbare Checkliste hilft Ihnen, bei Ihrer Vorbereitung auch an Details zu denken.
Der kürzeste Weg ist der Beste	Nicht alle Kurzinformationen, die Sie verschicken möchten, lohnen in der EDV verfasst und gespeichert zu werden. Manchmal ist es effektiver, kurz den Adressaten und ein paar Zeilen handschriftlich auf einem leeren Blatt oder einer Standardvorlage zu notieren und auf das Faxgerät zu legen. Wenn Sie Unterlagen per Post verschicken, notieren Sie eine Zeile mit Gruß auf einem kleinen Kärtchen, das Sie an der Unterlage mit einer Klammer befestigen. Tipp: Faxen und mailen, selbst eine Kurzmitteilung

	per Post, ist in der Regel effizienter für Ihr Zeitbudget als telefonieren, weil Sie sich auf das Wesentliche beschränken können.
Ungeplante Gespräche begrenzen	Fragen Sie Anrufer – genau wie unangemeldete Besucher – als Erstes nach deren Anliegen. Anschließend delegieren Sie das Gespräch gegebenenfalls an einen Ihrer Mitarbeiter, an eine andere Stelle oder Abteilung. Wenn Sie es sofort mit geringem Zeitaufwand führen können, tun Sie es – die Störung in Ihrem Zeitplan, die ohnehin schon läuft, wird insgesamt kürzer. Wenn das Gespräch ein längeres zu werden scheint, vereinbaren Sie einen Termin – und beenden das Gespräch.
Gespräche beenden	Verharren Sie nicht gegen Ihren Willen und Zeitplan in Gesprächen. Ob von Angesicht zu Angesicht oder am Telefon – artikulieren Sie Ihr Bedürfnis, jetzt nicht mehr weiter sprechen zu wollen. Sagen Sie klar, freundlich und bestimmt, dass Sie das Gespräch jetzt beenden möchten. Tipp: Manchmal kann es ratsam sein, die Unterbrechung zu begründen. Bleiben Sie freundlich, knapp und bei der Wahrheit, ohne in Rechtfertigungsorgien überzugehen.
Ergebnisse in Standardformularen festhalten	Richten Sie sich in Ihrer Ablage nahe Ihrem Arbeitsplatz einige Hängemappen mit jeweils einem Stapel kopierter Formulare ein, die Sie immer wieder nutzen. Noch während Sie telefonieren (oder ein Besucher spricht), zücken Sie eines der Standardformulare und füllen es aus. Als Ergebnis haben Sie gleich ein ablagefähiges Belegdokument, auf das Sie in Ihren Aktivitätenlisten verweisen können. Tipp: Sie können sich auch die wichtigsten Formulare als Vorlagedokumente auf Ihrem Rechner bereitlegen. So kommen Sie bei Anrufen schnell an diese heran.

Wenn Sie Vorschläge gefunden haben, mit denen Sie Zeitreserven mobilisieren könnten, sollten Sie nun in einem zweiten Schritt überlegen, mit welchen eigenen Aktivitäten Sie möglichst bald von dieser Zeitersparnis profitieren können. Kennzeichnen Sie diese mit einem »!«.

Nehmen Sie sich dazu für heute vor, mindestens einen der mit einem Ausrufezeichen versehenen Vorschläge weiter zu bearbeiten. Notieren Sie auf einem leeren Blatt aus Ihrem Zeitbuch alle Tätigkeiten, die nötig sind, um die erste Anregung in Ihre Abläufe zu integrieren. Planen Sie deren Erledigung in Ihren Aktivitätenlisten und kennzeichnen Sie die bearbeitete Anregung unbedingt in der Liste. So wissen Sie auch später noch, dass Sie zur Umsetzung dieser Anregung bereits Aktivitäten geplant haben.

Könnten Sie eventuell die erste Aktivität zur Realisierung dieser Anregung auch schon heute abarbeiten? Wenn irgend möglich, machen Sie sich sofort an die Arbeit und ernten Sie einen kleinen Erfolg. Abschließend planen Sie in Ihrem Zeitbuch, wie es weitergehen soll. Sie könnten sich einen Auftrag erteilen, schon bald die nächste Anregung schrittweise umzusetzen. Die entsprechende Aktivität liest sich wahrscheinlich so: »2. Anreg. umsetzen → 000X (60 Min., wd)«, vorausgesetzt natürlich, Sie legen Ihre Kopie der Checkliste Zeitersparnis ab, zum Beispiel in einer neuen Akte »000X A Checkliste Zeitersparnis«.

10 Minuten Tagesrückschau

Konnten Sie sich vorstellen, den einen oder anderen Vorschlag zur Optimierung Ihres Kommunikationsbereiches in Ihre Abläufe zu integrieren? Sicherlich werden Sie noch mehr Möglichkeiten finden. Fügen Sie Ihre Tipps einfach an die Liste an und prüfen Sie in größeren Abschnitten, wie Sie Ihre Kommunikationsarbeit weiter optimieren könnten. Ob Sie viel verändern wollen, oder nur Kleinigkeiten – heute haben Sie einen Anfang gemacht. An einer erfolgsträchtigen kleinen Stelle anzufangen, ist sehr viel effektiver, als auf den großen Wurf in ferner Zukunft zu hoffen.

Halten Sie bitte noch eine kurze schriftliche Rückschau auf den heutigen, den letzten Tag der Woche 3. Nutzen Sie dazu wie immer einen frischen Rückschaubogen.

Wochenrückschau

Wie steht es mit Ihrer Disziplin, das Vier-Wochen-Programm stringent durchzuarbeiten und am Ball zu bleiben? Hatten Sie genug Zeit, die einzelnen Aufgaben zu bearbeiten und davon zu profitieren? Machen Sie sich bitte auch klar, ob und wie viel Zeit Sie sich mit den Tipps und Anregungen, Aufgaben und Ergebnissen dieser Woche bereits verschaffen konnten. Gerade im Bereich der Selbstorganisation wird schnell deutlich, dass die Kunst des Zeitmanagements nicht im »mehr und schneller«, sondern im »weniger und einfacher« liegt.

Da die Aufgaben dieser Woche Veränderungen eingeleitet haben, werden Sie wahrscheinlich kaum Tage wiederholen wollen, sondern eher in den nächsten Tagen und Wochen Zeit für die Intensivierung und Optimierung von Details einplanen. Falls Sie einzelne Tage aber noch gar nicht oder nur sehr rudimentär bearbeitet haben, rate ich Ihnen zur Wiederholung, bevor Sie die nächste Programmwoche beginnen. Nutzen Sie den Rückschaubogen für diese Woche, um Ihre Gedanken und Ergebnisse zu den letzten fünf Tagen kompakt festzuhalten. Zudem ist ein Motivationsschub in Form einer Belohnung in eigener Sache jetzt sicher angebracht. Was gibt es Schönes auf Ihrer Kraftquellenliste, das Sie sich jetzt gönnen könnten?

Ihr Zeitgewinn in dieser Woche

Je nachdem, ob Sie bereits mit einer systematischen und effizienten Ablage gearbeitet haben und wie rationell Sie bisher Informationen ausgetauscht und Erfahrungen nutzbar gemacht haben, wird Ihr Zeitgewinn natürlich größer oder kleiner sein. Die Rechnung fällt bei mir folgendermaßen aus: Checklisten nutzen statt Ablauf mehrmals neu erdenken: zirka 1 Stunde, Suchzeiten und »Reparaturarbeiten« für verpasste Termine durch funktionierende Ablage ersetzen: 5 Stunden, Korrespondenz optimieren: 2,5 Stunden. Die kleinen täglichen Gewinne summieren sich schon bei wenigen Punkten auf rund achteinhalb Stunden! Prüfen Sie gern nach, wie groß die Summe bei Ihnen ist.

TIPP DER WOCHE

Abgabetermine setzen und einhalten

→ Begegnen Sie dem Drängen Ihres Chefs – oder Ihrer Kollegen – aktiv, indem Sie verbindliche Termine für die Erledigung Ihrer Arbeit angeben. Mit einem aktuellen Zeitbuch und vollständigen Aktivitätenlisten haben Sie sich dafür ein ideales Instrument geschaffen. Wann immer Ihr Chef – oder Ihre Kollegen – Aufgaben an Sie herantragen, überlegen Sie für sich kurz, wie lange Sie für deren Erledigung brauchen werden, und addieren ein wenig Reservezeit für Unvorhergesehenes dazu. Werfen Sie – noch in Anwesenheit des »Auftragebers« – einen Blick in Ihr Zeitbuch und suchen Sie nach einer passenden Zeitlücke in Ihren Aktivitätenlisten. Anschließend teilen Sie demjenigen mit, wann er mit dem Ergebnis rechnen kann. Tun Sie dies immer und unaufgefordert, entweder direkt im Gespräch oder im Nachhinein per E-Mail. Falls Sie keine Zeitlücke im gewünschten Zeitraum entdecken können, bitten Sie um die Benennung von Prioritäten und fragen Sie, auf welche Ergebnisse der Vorgesetzte zugunsten des neuen Auftrages lieber warten möchte. Wann immer Fragen wie »Wie weit sind Sie...?«, »Wann ist denn endlich fertig...?«, »Wann bekomme ich von Ihnen...?« aufkommen, geben Sie mit einem Blick in Ihr Zeitbuch nüchtern Auskunft, wann Sie geplant haben, die Aufgabe zu erledigen. Auf diese Weise gewöhnen Sie auch hartnäckige Zeitgenossen daran, Sie nicht ständig mit zeitfressenden Nachfragen zu belästigen, sondern Ihrer Planung zu vertrauen.

Die Woche der Erfolge

4

→ WIR SIND DAS, WAS WIR WIEDERHOLT TUN. VORZÜGLICHKEIT IST DAHER KEINE HANDLUNG, SONDERN EINE GEWOHNHEIT. [Aristoteles]

Sie sind weit gekommen! Machen Sie sich jetzt Ihr Zeitmanagement so zur Gewohnheit, dass Sie nicht mehr darüber nachdenken – so wie Sie nicht mehr darüber nachdenken, wie man steht und geht!

Fortschritte genießen –
Details optimieren

»Merkst du deine Erfolge eigentlich noch?« fragte mich ein wohlwollender Freund vor einigen Jahren besorgt und wies mich damit freundlich darauf hin, auch einmal inne zu halten und nicht immer noch effektiver meinen hoch gesteckten Zielen hinterherzujagen. Natürlich begeistern Perfektion und Übung in der Handhabung von Werkzeugen und Techniken. Dies ist ja eine der menschlichen Eigenarten, dass man ständig versucht, Zustände zu optimieren, Werkzeuge zu verbessern, Gelassenheit zu entwickeln, mehr oder Besseres zu erschaffen. In Ihrer ab jetzt beginnenden vierten Programmwoche geht es ebenfalls um die Optimierung einzelner Details, genauer gesagt um die Randbedingungen, auf die Sie achten könnten. Die besten Planungen und effektivsten Methoden nützen Ihnen nämlich nichts, wenn es Ihnen nicht gelingt, sich gegen innere und äußere Verhinderer durchzusetzen. Die schlimmsten Verhinderer von Verbesserungen hausen in Ihnen selbst. Ich nenne diese Wesen, die auf Ihren Schultern kauern und Ihnen bei jeder passenden oder unpassenden Gelegenheit Unfähigkeit vorhersagen, die »kleinen schwarzen Monster«. Gerade haben Sie sich entschlossen, einen Vorschlag zugunsten effizienterer Besprechungen vorzutragen, da legen sie auch schon los: »Wer denkst Du denn, dass Du bist?«, »Das wird Dich teuer zu stehen kommen!«, »Das haben andere vor Dir auch schon versucht!«, »Überhaupt, schau doch nur, wie Du aussiehst!«. Der ganze Schwung und Mut ist mit einem Mal wie weggeblasen. Im letzten Moment haben Sie beigedreht und den Erfolg Ihrer Arbeit ziehen lassen. Was könnte gegen Verhinderer helfen? Ein stärkeres Selbstbewusstsein würde den Verhinderern – außen wie innen – vielleicht Paroli bieten. Sie sollten also Möglichkeiten suchen, selbstbewusster zu werden, auch im Umgang mit Ihrer Zeit. Erfolge stärken das Selbstbewusstsein. Deshalb gebe ich die Eingangsfrage heute an Sie weiter: Merken Sie Ihre Erfolge – und nehmen Sie sich Zeit, diese zu genießen und daran zu wachsen?!

Tag 1: Im Fluss sein – tun, genießen, prüfen, verbessern

Können Sie sich an das letzte Mal erinnern, als Sie nach einem langen Arbeitstag voller Anstrengungen und Herausforderungen nach Hause gekommen sind und sich einerseits abgrundtief erschöpft und doch gleichzeitig glücklich lächelnd im Spiegel begegneten? Kennen Sie das Hochgefühl, das sich in solchen Momenten einstellt? Ich unterscheide zwischen den Gefühlen erschöpft-erschöpft und glücklich-erschöpft. Erschöpft-erschöpft meint rundherum innerlich wie äußerlich, psychisch wie körperlich ausgelaugt zu sein. Glücklich-erschöpft bezeichnet den Zustand, in dem Sie sich einerseits ausgelaugt und müde fühlen – vor allem körperlich –, andererseits aber auch leicht schwebend und beschwingt sind. Fragen Sie einmal andere berufstätige Menschen wie sie sich am Abend eher beschreiben würden: erschöpft-erschöpft oder glücklich-erschöpft? Die meisten antworten leider erschöpft-erschöpft. Wie kommt das?

Ein Grund kann sein, dass man nicht in seinem persönlichen Talentbereich arbeitet. Der eigene Arbeitsplatz entspricht nicht den eigenen Fähigkeiten und Möglichkeiten. Ständig arbeitet man mit großem Kraftaufwand in Bereichen, denen man nicht gewachsen ist, und selbst größte Übung und Erfahrung lassen die Aufgabe nicht einfacher werden. Ein anderer Grund kann die Sinnlosigkeit des eigenen Tuns sein. Man sieht einfach keinen höheren Sinn hinter dem Tage-

WOCHENZIEL

Was ich erreichen kann

→ Die vierte Woche Ihres Programms wird Sie noch einmal durch die drei großen Themenblöcke Besinnung, Zielfindung und Selbstorganisation führen und Ihnen weitere Anregungen und Tipps zur Verfeinerung des Gelernten anbieten. Sie können Ihre Ziele überprüfen und die nächsten Aktivitäten entwickeln. Sie lernen, warum der häufige Gebrauch des Wörtchens »Nein« wichtig für Ihr Zeitbudget ist. Sie entdecken Rhythmen und Zyklen in Ihrer Arbeit, deren Schwung Sie in Zukunft besser nutzen können. Mit Hilfe einer verkürzten Aktivitätenliste und einer Projektübersicht wird Ihre Tages- und Wochenplanung noch ein bisschen effektiver. Schließlich werden Sie einen spannenden Anti-Schweinehund-Tag einlegen und dann entscheiden, wie Sie nach dieser Woche weiter verfahren möchten (→ Seite 128 f.).

werk. »Wozu soll das alles gut sein?«, fragt man sich. »Ob ich dies nun erledige oder nicht, ist doch egal.« Einen Anfang, um sich aus dieser Falle zu befreien, haben Sie bereits in der zweiten Programmwoche gemacht. Sie haben sich darauf besonnen, was Sie wirklich erreichen wollen. Sie haben sich aus den Millionen und aber Millionen von möglichen Visionen zwei, drei für sich ausgesucht und sich entschieden, Ihre Ziele mithilfe vieler kleiner Aktvitäten Schritt für Schritt zu realisieren. Das gab Ihrem Tun eine Richtung. Ihre Arbeit und die vielen Aktivitäten bekamen einen Sinn.

Wenn man einen Sinn, eine höhere Aufgabe hinter den eigenen Handlungen sieht, dann werden Anstrengungen und Herausforderungen zu dem, was sie sind: eine Sprosse auf der Leiter. Und selbst schwierigere Sprossen werden Sie glücklich-erschöpft und nicht erschöpft-erschöpft zurücklassen und werden Sie motivieren, die nächste mutig zu erklimmen.

Lernen Sie »Nein« zu sagen

Mit viel Energie und Einsatz haben Sie in den letzten Wochen an Ihrem Zeitmanagement gearbeitet. Ihre Zielsetzungen, Ihre Planungen, Ihre Tagesaktivitäten sehen Sie klar vor sich. Jetzt liegt es an Ihnen: Wie oft antworten Sie auf Störungen, Angebote und Hilfeersuchen mit »Ja« und wie oft mit »Nein«? Entwickeln Sie den Mut, »Nein« zu sagen, wenn Sie Energie- und Zeitfresser wittern. Der gezielte Gebrauch des Wörtchens »Nein« verschafft Ihnen Freiräume wie kaum eine andere Methode. Es fällt Ihnen schwer »Nein« zu sagen? Das kann vielfältige Gründe haben, zum Beispiel den Wunsch, anderen zu helfen, die Angst vor dem Urteil anderer, das Gefühl, zu Gegenleistungen verpflichtet zu sein, den Drang, unentbehrlich und wichtig zu sein, die Angst, durch ein »Nein« zu verletzen oder auch die Sorge, nicht mehr geliebt zu werden.

Machen Sie sich jedoch eins klar: Der Preis für diese Zuwendungen ist hoch. Sie sollten sich aus Verstrickungen und Abhängigkeiten so schnell wie möglich lösen beziehungsweise darauf achten, gar nicht erst in neue hineinzugeraten. Riskieren Sie ruhig einmal, sich bei anderen unbeliebt zu machen – die Welt wird sich trotzdem weiterdrehen! Klar und deutlich »Nein« zu sagen und dazu zu stehen, kann man üben. Versuchen Sie herauszufinden, warum es Ihnen schwer fällt, sich abzugrenzen, und steuern Sie bewusst dagegen.

Job des Tages

Sie könnten diese Aufgabe nutzen, um sich Ihre in der zweiten Woche erarbeiteten Visionen, Ziele und die daraus abgeleiteten Aktivitäten noch einmal vorzunehmen. Wie stehen Sie inzwischen zu Ihren Vorstellungen von Ihrer Zukunft? Wie logisch sind die Ziele, die Sie bereits daraus abgeleitet haben? Fallen Ihnen neue kreative Ideen ein, diese Ziele zu erreichen? Immerhin haben Sie inzwischen Ihr Verhältnis zu Ihrer Arbeitszeit gründlich auf den Kopf gestellt. Vielleicht möchten Sie jetzt auch Ihre Ziele und die Wege, diese zu realisieren, überprüfen und gegebenenfalls ein wenig feinjustieren.

Ich empfehle Ihnen, sich an das in der zweiten Woche beschriebene Verfahren (→ Seite 52 ff.) zu halten, aus Visionen Ziele und aus diesen wiederum Aktivitäten abzuleiten. Vollziehen Sie lieber einzelne Schritte langsam und ausführlich nach, als zu viele Arbeitsgänge in einem erledigen zu wollen. Gönnen Sie sich ruhig noch ein wenig Zeit zum Üben. Vor allem aber, und das bitte ich Sie zu beherzigen, reißen Sie auf keinen Fall leichtfertig oder aus einer Laune heraus die bereits aufgestellten Ziele wieder ein. Wenn Sie die Zielmarkierungen auf der Strecke zu oft und in zu kurzen Abständen umstecken, verlieren Ihre inneren Läufer die Lust mitzurennen und schlagen sich in die Büsche! Meilensteine werden für mindestens ein Jahr, gerne aber für drei oder fünf Jahre gesetzt. Das gewährleistet den nötigen Raum dafür, dass Neues wachsen und produktive Eigendynamik sich entwickeln kann.

Das Verfahren, die Zeit zur Erreichung von Zielen vom Endtermin aus rückwärts zu berechnen und entsprechend rechtzeitig mit einem Vorhaben anzufangen, sollten Sie jetzt auch auf Ihre Ziele anwenden. Das Verfahren wurde in der Tagesaufgabe des fünften Tages der zweiten Woche (→ Seite 67 f.) beschrieben, falls Sie sich an Details nicht mehr erinnern können und diese noch einmal nachlesen möchten.

Zu guter Letzt sollten Sie darauf achten, auch Ihre Aktivitätenlisten für die nächsten Wochen anzupassen oder zu erweitern. Wie soll es weitergehen? Was ist zu tun? Besser noch: Was nehmen Sie sich vor, zu tun, bevor andere Ihre Aktivitätenlisten zu füllen versuchen?

10 Minuten Tagesrückschau

Inzwischen sind Sie schon geübt darin, Ihren Tag zu planen und am Ende des Tages eine kurze Rückschau zu halten. Vielleicht sind einige Überlegungen schon zur Routine geworden. Vergessen Sie dabei aber bitte nicht, auch Ihre kleinen Erfolge und Fortschritte des Tages festzuhalten. Je besser man in einem Bereich wird, desto selbstverständlicher werden Erfolge und man vergisst schnell, sich auch über Ergebnisse zu freuen, die vor wenigen Wochen noch überhaupt nicht selbstverständlich waren. Bitte halten Sie in Ihrer Rückschau auch kurz fest, wie Sie heute mit Ihren Zielen gearbeitet haben und ob es Unterschiede zur zweiten Woche gab.

Tag 2: Von den Landwirten etwas über die rechte Zeit lernen

Was würden Sie von einem Landwirt denken, der im September sät, um schon im Oktober zu ernten? Nichts Gutes, nehme ich an. Und was würden Sie sagen, wenn einer plant, im September zu ernten, aber schon im August den geliehenen Mähdrescher zurückgibt? »Der hat ja keinen Plan!«, vermute ich.

Man kann von den Landwirten eine Menge darüber lernen, das Richtige zur richtigen Zeit und vor allem in der richtigen Reihenfolge zu tun. Ganz natürlich scheint es selbst uns als Laien, dass nach der Saat eine lange Zeit des Hegens und Pflegens folgt, dass zarte Pflänzchen vor den Saaträubern geschützt werden wollen, dass eine Zeit des Reifens und Heranwachsens kommt und dass dann erst geerntet werden kann, was solchermaßen wachsen konnte. Nie käme man auf die Idee, die Reihenfolge verändern zu wollen oder entgegen den Jahreszeiten zu pflanzen. »Ja, ja, aber ich bin kein Landwirt. Der ist ja vom Wetter und den Jahreszeiten abhängig, ich aber nicht!«, behaupten Sie? Ich bin da anderer Meinung. Ich glaube, man kann immer dazugewinnen, wenn man den Schwung des Zeitrades nutzt anstatt gegen ihn zu arbeiten.

Jeder hat während eines Jahres bessere und schlechtere Phasen, in jedem Beruf gibt es ruhige Jahreszeiten und hektischere. Manchmal gibt es Monate, da will einem nichts recht gelingen, und dann folgen andere, da fliegen einem die Erfolge nur so zu. Im Sommer kann man vielleicht leichter kommunikative Vorhaben realisieren, im Winter eher solche, die der konzentrierten Ruhe bedürfen. Ich rate Ihnen natürlich nicht, einfach mal zu schauen, wie es Ihnen so geht, und entsprechend Aktivitäten durchzuführen oder auch zu verschieben. Auf keinen Fall. Ich ermuntere Sie vielmehr, Ihre Vorhaben nicht über das Knie brechen zu wollen, nur weil Ihre effizienten Werkzeuge es Ihnen vielleicht ermöglichen würden. Finden Sie im Großen wie im Kleinen heraus, wie Ihr persönlicher Rhythmus von säen, hegen und pflegen sowie ernten aussieht, und planen Sie entsprechend.

Morgenseiten helfen Ihnen, Ihre Kreativität zu aktivieren

Den Tag schreibend zu beginnen hilft, Kreativität zu fördern, Zielen mit Hilfe des Unterbewusstseins näher zu kommen und Klarheit für das eigene Tun zu gewinnen. Sie könnten ausprobieren, jeden Tag morgens als allererstes drei »Morgenseiten« zu schreiben – eine von Julia Cameron entwickelte Methode, Kreativität zu aktivieren. Die Morgenseiten sind nicht als rückschauendes Tagebuch gedacht, sondern als Auffangbecken für alles, was Sie in Kopf und Herz bewusst und unbewusst bewegt. Schreiben Sie morgens als Erstes, fast noch im halbwachen Zustand, was immer Ihnen in den Sinn kommt. Es ist wichtig, dass Sie Ihre Gedanken beim Schreiben nicht steuern, sondern alles so zu Papier bringen, wie es Ihnen gerade durch den Kopf geht. Nur so wird der Schreibprozess zu einer produktiven Auseinandersetzung zwischen den bewussten und den unbewussten Teilen Ihrer Persönlichkeit.

Eine einfache gebundene DIN-A4-Kladde, wie man sie in jedem Schreibwarengeschäft bekommt, eignet sich hervorragend für Ihre Morgenseiten – für den Anfang können Sie aber auch eine Rubrik »Morgenseiten« in Ihrem Zeitbuch einrichten. Setzen Sie sich nicht selbst unter

Druck, in dem Sie ein zu kostbares Buch benutzen. Und vor allem: Lassen Sie die Morgenseiten nicht offen herumliegen, sie sind nicht als Lektüre für andere gedacht. In den ersten Tagen werden Sie vielleicht noch Anlaufschwierigkeiten haben, aber bald wird Ihnen das Morgenseiten-Schreiben wie Zähneputzen zum unentbehrlichen Ritual werden. Beginnen Sie nach dem Schreiben Ihren normalen Tagesablauf und schöpfen Sie aus der geweckten Kreativität. Sie werden merken: Es wird Ihnen bei Ihrem Tagewerk bald vieles leichter und zügiger von der Hand gehen.

Job des Tages

Die Aufgabe des Tages wird Sie darin unterstützen, die natürlichen und künstlichen Rhythmen in Ihrer Arbeit zu nutzen. Vielleicht erkennen Sie in Ihrem Leben ein immer wiederkehrendes Phänomen. Viele Menschen berichten von sich wiederholenden Ereignissen im Abstand von sieben Jahren: Nach sieben Jahren des Neuanfangs, des Auf- und Ausbaus eines größeren Vorhabens, wird der Abschnitt beendet und der Zyklus beginnt von vorn. Innerhalb eines Jahres kann man ähnliche Wiederholungen beobachten. Im Frühjahr – vielleicht beschwingt von der erwachenden Vegetation oder den frischen Nahrungsmitteln – wird aufgebaut, gegründet, Neues in die Welt gebracht, während zum Herbst jeder zum Rückzug neigt. Projekte werden abgeschlossen, man verlegt Aktivitäten nach innen. Die Ursache dafür liegt keinesfalls in den Festen und Feiern, in den zu Neujahr beginnenden Buchungsjahren oder Ähnlichem. Diese Gewohnheiten sind Folge des natürlichen Rhythmus, dem sich die Menschen angepasst haben. Wie sieht es bei Ihnen aus? Kennen auch Sie wiederkehrende Zyklen oder Rhythmen bei sich, deren Aufschwung Sie nutzen könnten und deren Abschwung Sie in Ihrer Zeitplanung tunlichst beachten sollten?
Um diesen einfacher auf die Spur zu kommen, können Sie zwei DIN-A4-Bögen an der schmalen Seite aneinander kleben und mittig von links

nach rechts eine lange Linie darauf zeichnen. Diese unterteilen Sie in zwölf Monatsabschnitte. Jetzt erinnern Sie sich an die letzten Jahre: Was ist in Ihrem Beruf passiert, welche Meilensteine gab es für Sie, welche herausragenden Ereignisse? Erinnern Sie sich an Erfolge und Misserfolge. Notieren Sie diese immer über demselben Monatabschnitt, egal wie viele Jahre sie zurückliegen. Vermerken Sie mit einem farbigen »+« oder »-«, ob es sich dabei eher um erfreuliche oder unerfreuliche Ereignisse in ihrer Arbeit gehandelt hat.

Sie sollten möglichst viele Ereignisse sammeln. Gehen Sie dazu im Geiste die Monate einzeln durch und halten Sie fest, an was Sie sich erinnern, vielleicht auch mithilfe eines alten Kalenders. Können Sie in einzelnen Monaten Ballungen von Ereignissen erkennen? Vielleicht zeigt Ihr Bild aber auch Erfolgsphasen und Pechsträhnen an, Phasen, in denen außergewöhnlich viel gelang, und solche, in denen auffällig viel schief ging? Versuchen Sie, Schlüsse zu ziehen. Vielleicht können Sie sogar Vorsätze ableiten, wie zum Beispiel: »Ich sollte zusätzliche Termine der und der Art lieber für den März als den Dezember vereinbaren (…, weil die Dunkelheit mich müde und schlapp macht und ich offenbar im März leistungsfähiger bin).« »Der Mai eignet sich für mich wunderbar, Vortragsreisen zu planen (… in den letzten Jahren habe ich in dieser Zeit mehrmals ganz leicht gute Kontakte herstellen können)«. Vielleicht möchten Sie den einen oder anderen Vorsatz mit in Ihre Sammlung aufnehmen? In der Rubrik »V« in Ihrem Zeitbuch müsste eine begonnene Sammlung liegen. Denken Sie auch an einen Auftrag an sich selbst, die Vorsätze beizeiten wieder anzuschauen.

10 Minuten Tagesrückschau

Manchmal werden uns Ereignisse, die jeder Außenstehende an uns beobachten kann, gar nicht bewusst. Konnten Sie heute Neues über sich und die Regelmäßigkeiten in Ihrer Arbeit und Ihrem Leben entdecken? Was ist Ihnen aufgefallen? Was schließen Sie aus Ihren Ergebnissen? Welche Vorsätze haben Sie entwickelt? Bitte halten Sie wie bisher Ihre Beobachtungen auf dem Tagesrückschaubogen fest.

Tag 3: Routinen eine Chance geben

Wie viele Planungssysteme haben Sie in Ihrem Leben schon ausprobiert? Wie lange sind Sie im Schnitt bei ein und demselben geblieben? Die meisten Menschen verbringen jährlich aufs Neue Zeit damit, auf ein angeblich besseres System umzusteigen, das verspricht, alle Probleme ohne Arbeit zu lösen. Ich halte mich seit 15 Jahren an das in diesem Vier-Wochen-Programm beschriebene System, das ich im Laufe der Jahre umfassend auf meine Bedürfnisse hin ergänzt und perfektioniert habe. Die Grundprinzipien sind nach wie vor dieselben. Mein Planungssystem, die Ablage, die Datenbank ist richtiggehend langweilig – langweilig und perfekt.

Sich nicht nach neuen Systemen umschauen zu müssen, ohne Interesse an der Planbuchabteilung jedes Bürobedarfshandels vorbeigehen zu können, gelassen jede Werbung für neue Selbstmanagment-Software an mir vorüberziehen zu lassen, empfinde ich als ungeheure Erleichterung. Ich verschwende keine Zeit an elegantere Lösungen, neue Sortierungen und schon gar nicht an das Umschreiben von Kalendern am Jahresende oder Übertragen von Aufgaben. Aus dieser Erfahrung heraus empfehle ich Ihnen, wenigstens eine Weile bei den Listen und Ablagen aus diesem Vier-Wochen-Programm zu bleiben. Versuchen Sie dieses zu perfektionieren, zu füllen, zu ergänzen um Checklisten und Teilelisten, aber ändern Sie nichts an der grundsätzlichen Arbeitsweise.

»Ja aber,« werfen meine Seminarteilnehmer an dieser Stelle immer wieder gern ein, «in meinem Fall funktioniert es nicht wirklich. Sehen Sie, ich habe hier so komplizierte Fälle von ...«. Lassen Sie sich gesagt sein, bisher gab es noch niemanden, der seine Vorgänge in dem beschriebenen System nicht abbilden konnte, aber schon etliche, die nach einiger

Zeit reumütig wieder dazu zurückkehrten. Versuchen Sie es wenigstens, bevor Sie sich mit der Suche nach anderen Lösungen von Wesentlicherem ablenken. Ein anderes Planungssystem, schön frisch und unbeschrieben anzuschauen, eine Software, die größeren »Spielwert« verspricht – beides wird Ihnen nicht helfen, Ihre Zeit wesentlich – wenn überhaupt – besser zu planen oder gar effektiver zu arbeiten, sondern Sie allenfalls dabei unterstützen, Ihre Aufgaben anders zu verwalten. Erinnern Sie sich an das Pareto-Prinzip (→ hintere Umschlagklappe), das sagt: Mit 20 Prozent des Gesamtaufwandes erreichen Sie 80 Prozent der Ergebnisse – um die letzten 20 Prozent zu erreichen, bedarf es zusätzlich 80 Prozent des Gesamtaufwandes!

TIPP

Verwandeln Sie Stress in Schmunzeln

→ Es gibt einen kleinen Trick, Stress in Schmunzeln zu verwandeln. Wenn Sie sich richtig gestresst fühlen, können Sie sich bei nächster Gelegenheit zwei Minuten Zeit nehmen und sich probeweise vor einen Spiegel stellen. Erkennen Sie die Anzeichen von Stress in Ihrem Gesicht, in Ihrer Haltung? Versuchen Sie, sie zu verstärken. Vielleicht ist es die Stirnfalte, die Sie noch ein wenig steiler machen könnten, Ihr Mund, der ein wenig verkniffener aussehen könnte, die hochgezogenen Schultern, die Sie noch ein wenig höher ziehen. Betrachten Sie das Ergebnis im Spiegel. Versuchen Sie jetzt, Ihrem Spiegelbild ohne Worte eindeutig zu vermitteln, wie gestresst Sie sind. Übertreiben Sie nach Herzenslust. Verdeutlichen Sie Ihre Stress-Symptome bis es nicht besser geht. Fertig! Nicht bewegen! Frieren Sie Ihre Bewegungen ein und betrachten Sie sich. Sind Sie zufrieden mit Ihrer Leistung? Freuen Sie sich an Ihrem schauspielerischen Talent und schmieden Sie Pläne, um diese unproduktive Haltung dauerhaft loszuwerden.

Tipp zum Job des Tages

Manchmal fällt es schwer, bei all den Aktivitäten des Tages den Überblick zu behalten, an welchen Projekten man eigentlich zurzeit arbeitet. In diesen Fällen ist es ratsam, eine Übersicht »Laufende Projekte« anzulegen. Darauf kann man die übergeordneten Projekte festhalten, den Ablageort und den Endtermin notieren, um mit etwas mehr Abstand schnell wieder den Überblick zu gewinnen. Die Übersicht ist am besten in Ihrem Zeitbuch aufgehoben, so dass Sie jederzeit Zugriff darauf haben. Kopien der Vorlage »Projektübersicht« haben Sie zu Beginn des Programms in der Rubrik »Vorlagen« abgelegt.

Job des Tages

Sie könnten die Zeit für die Tagesaufgabe dazu nutzen, nach professionellen Planungssystemen zu recherchieren und den örtlichen Bürobedarfshandel aufsuchen. Sie können aber auch an Ihren Vorlagen feilen und Ihre Aktivitätenlisten weiter optimieren. Für den Fall, dass Sie sich für Letzteres entscheiden, habe ich Ihnen eine Kopiervorlage «Aktivitätenliste Woche» beigefügt. Suchen Sie diese am besten vor dem Weiterlesen aus Ihrem Zeitbuch heraus, damit Sie mitverfolgen können, welche Feinheiten darin verborgen sind.

Mithilfe dieser kompakten Aktivitätenliste sparen Sie sich das Übertragen von unerledigten Aktivitäten von einem auf den nächsten Tag. Da Sie inzwischen geübt im Formulieren von sehr kurzen Aktivitäteneinträgen sind, sollten Sie mit ein bis zwei Seiten pro Woche auskommen. Falls sie – zum Beispiel durch Krankheit – zu keiner oder nur ein bis zwei der Aktivitäten gekommen sind, schneiden Sie am Ende der Woche einfach die kleinen Spalten auf der rechten Seite ab und kleben den übriggebliebenen schmalen Abschnitt mit den Aktivitäten und der Zeitbedarf-Schätzung auf eine neue »Aktivitätenliste Woche«. Jetzt können Sie die Aktivitäten über die neue Woche wie gehabt planen und verteilen und haben schon die Zeit, die Sie sonst für das Übertragen gebraucht hätten, gespart.

Die erste Spalte nutzen Sie für Ihr Erledigt-Häkchen. Die zweite breitere Spalte ist für den Kurzauftrag jeder Aktivität mit gegebenenfalls einem Verweis auf den Ablageort weiterer Informationen reserviert. Die dritte schmale Spalte enthält den geschätzten Zeitbedarf in Minuten. Eine kleine Herausforderung stellt die vierte Spalte dar: Hier können Sie eine Aktivität erst einmal parken, wenn Sie sich noch nicht konkret entscheiden mögen, an welchem Tag Sie die Aktivität erledigen wollen. Aber Achtung: Wenn Sie einreißen lassen, dass auf dem Feld »Irgendwann in der Woche« zuviele Aktivitäten geparkt werden, entgleitet Ihnen die gezielte Tagesplanung und die Aktivitäten ballen sich wieder zu einem unübersichtlichen Wochenberg zusammen! In die nächsten schmalen Spalten setzen Sie pro Zeile jeweils Ihr Gewichtungszeichen, je nachdem an welchem Tag Sie Ihre Aktivität erledigen wollen. Die letzte etwas breitere Spalte können Sie für einen kleinen Vermerk verwenden, zum Beispiel für die Namen der Personen, die diese Aktivität betrifft, oder an die Sie etwas delegiert haben.

Vielleicht entscheiden Sie sich schon heute, von den Tages-Aktivitätenlisten Abschied zu nehmen. Dann hätten Sie nun einmalig ein wenig Übertragungsarbeit zu leisten, dafür aber anschließend anstatt 365 nur noch 52 Aktivitätenlisten mit sich herumzutragen. Wenn Sie nun nach dem beschriebenen Verfahren auch noch die Aktivitäten auf Ihren täglichen Checklisten »Regelmäßige Aufträge an mich selbst« in einer einzigen Checkliste für alle fünf Wochentage zusammenfassen, wird Ihr Zeitbuch noch einmal erheblich leichter.

Apropos herum tragen: Sie sollten sich beizeiten einen zweiten Aktenordner zulegen, in den Sie zum Wochenende jeweils die abgearbeiteten Aktivitätenlisten ablegen und Ihre Vorlagenreserven – bis auf ein paar Bögen für den schnellen Zugriff – bis zum Gebrauch an Ihrem Arbeitsplatz lagern.

10 Minuten Tagesrückschau

Inzwischen haben Sie sich schon den Fortgeschrittenen-Status in der Selbstorganisation erobert. Mit wenigen Wörtern, Zeichen und Verweisen managen Sie Ihr ganzes Arbeitspensum auf wenigen Seiten Papier. Vielleicht fällt Ihrer Umgebung mittlerweile die Veränderung an Ihnen auf? Notieren Sie auf Ihrem Rückschaubogen einen kurzen Abriss des Tages und halten Sie gegebenenfalls auch einmal die Kommentare, die Sie erhalten, mit fest!

Tag 4: Nicht ärgern, sondern üben, üben, üben

Über ihn wurde schon viel geschrieben, es kursieren unzählige Ideen und Tricks zu seiner Bekämpfung, jeder kennt dieses Wesen und doch ist er nicht unterzukriegen: der innere Schweinehund. Die besten Pläne nützen nichts, wenn der arbeitsunwillige und notorisch unlustige Teil unseres Ichs, der innere Schweinehund, uns davon abbringt, sie einzuhalten. Er sorgt mit unglaublichem Geschick und größter Finesse immer wieder dafür, dass wir anstehende Aufgaben doch nicht rechtzeitig beginnen, allerlei Ausweichmanöver vornehmen, die gar nicht geplant waren, und Aktivitäten wider besseres Wissen verschieben. Wenn jemand an dem schalen Feierabend-Gefühl, nichts wirklich Wichtiges geschafft zu haben, beteiligt ist, dann er!

Meist ist es nicht die Aufgabe an sich, die uns lähmt, sondern unsere Einstellung dazu. Sinnfragen und Zielplanungen mag der innere Schweinehund nicht sehr, immerhin können Sie ihn mit der Frage »Bringt mich Kaffee zu holen meinen Zielen jetzt näher?« ordentlich in Bedrängnis bringen. Auch mit kleinen Tricks kann man versuchen ihn zu überlisten, zum Beispiel indem man sich in Selbstgesprächen zu einer Tätigkeit ermuntert und sich wie einem zu motivierenden Kind

TIPP

Ärger-Management

→ Viele Menschen verbringen viel Zeit damit, sich zu ärgern oder aufzuregen. Wie oft stand in den letzten Wochen die Aktivität »Ärgern« in Ihren Aktivitätenlisten? Ärgern Sie sich oft? Sich zu ärgern ändert in der Regel an der Ursache der Konflikte und Probleme gar nichts. Es bewirkt nur eines: Sie verschwenden Zeit. Im schlimmsten Fall ärgern Sie sich noch darüber, dass Sie sich ärgern. Das kostet Sie dann noch mehr Zeit. Versuchen Sie, sich weniger zu ärgern. »Manches«, werden Sie einwenden, »ist aber wirklich zum Aus-der-Haut-Fahren.« Stimmt! Bedenken Sie aber: Zum Ärgern gehören immer zwei. Einer der ärgert und einer der sich ärgern lässt. Natürlich kann es nicht darum gehen, Ärger einfach hinunterzuschlucken und mit Magenschmerzen den Rest des Tages zu verbringen. Vielmehr könnten Sie sich darin üben, das Gefühl des Ärgerns von den Ursachen des Ärgernisses zu trennen. Ärgergefühle sind nicht diskutierbar, sie sind da oder auch nicht. Sie können nur versuchen, sie zu kanalisieren, bevor Sie sich der Ursachenforschung zuwenden. Zum Beispiel könnten Sie, wenn Unmut oder Wut in Ihnen aufsteigt, bis zehn zählen und sich fragen, wie viel Ihrer Lebenszeit Sie jetzt für das Ärgern aufwenden möchten. Bestimmen Sie eine Zeit, beispielsweise fünf Minuten oder auch 30 Minuten. Schauen Sie auf die Uhr, ärgern Sie sich weiter und fangen Sie erst nach exakt der geplanten Zeit etwas Neues an. Es braucht allerdings etwas Übung und mentale Disziplin, sich selbst auf »jetzt-fertig-mit-Ärgern« umzuprogrammieren.

gut zuspricht. Sie können auch versuchen, eine lästige Tätigkeit als Spiel zu sehen: Fordern Sie sich zu einem Wettkampf gegen den inneren Schweinehund heraus. Gehen Sie alternativ – im wörtlichen Sinne – mit einem Lächeln an Ihre Arbeit und machen Sie sich innerlich ein wenig über sich selbst lustig, wie Sie sich zieren und winden. Ich motiviere mich mit folgendem Trick: Ich fange an, indem ich meinen inneren Schweinehund locke, zunächst nur für zehn Minuten die neue Aufgabe auszuprobieren. Meistens packt mich das neue Thema dann so, dass ich weiterarbeite und alles rundherum vergesse. Das Geheimnis dabei ist, sich zu verbieten, vor Ablauf der zehn Minuten aufzustehen oder währenddessen irgendetwas anderes zu tun.

Job des Tages

Sie sollten die Tagesaufgabe nutzen, sich einmal eine ganze Strecke besiegter Schweinehunde zu verschaffen. Einen Tag lang lassen Sie ihm nichts durchgehen. Das hört sich vielleicht im ersten Moment harmlos an, aber versuchen Sie es einmal ernsthaft: Keine Bummeleien, keine Ausflüchte, keine Befindlichkeitsfragen, kein kleiner Hunger zwischendurch, kein »Ja« wo ein »Nein« hätte gesagt werden müssen, nichts, was die Aufnahme oder das Fertigstellen von Aktivitäten auch nur um Sekunden verzögert. Ich verspreche Ihnen, es wird ein Kampf. Sie werden alles, was Sie in den letzten drei Wochen über Selbstorganisation gelernt und erprobt haben, brauchen, um diese Aufgabe zu bewältigen. Und: Sie werden sich, wenn Sie Ihr Anti-Schweinehund-Programm durchhalten, wunderbar stark und unbesiegbar fühlen! Als Belohnung sollten Sie sich für den Feierabend einen der besten Ermutiger aus Ihrer Kraftquellensammlung heraussuchen und bereits eine Verabredung treffen. Natürlich sagen Sie diese ab, wenn Sie nicht durchhalten – womit Ihr Schweinehund, der bereits beim Lesen der Aufgabe vielfache Einwände vorgebracht haben dürfte, jetzt im direkten Wettbewerb mit Ihrem Ehrgeiz steht.

10 Minuten Tagesrückschau

Was werden Sie heute nach Feierabend tun? Sie haben doch die inneren Schweinehunde besiegt, oder? Wird Ihr Rückschau-Bogen genügend Raum bieten, um all Ihre Erlebnisse des Tages im Kampf mit sich selbst aufzunehmen? Halten Sie bitte die herausragendsten Ereignisse des Tages fest und versäumen Sie nicht, eventuell funktionierende Tipps und Tricks, die Sie gefunden haben, um Ihren inneren Schweinehund zu überlisten, zu motivieren.

Tag 5: Lebensbereiche verbinden – Synergien nutzen

In der Eingangsrunde einer meiner Firmentrainings zum Thema Zeitmanagement erklärten die Teilnehmerinnen frank und frei, sie versprächen sich von diesem Seminar ein besseres Zeitmanagement für ihren Privatbereich, in der Firma würde eigentlich alles ganz gut laufen. Auf meine Nachfrage hin stellte sich heraus, dass durch den Balanceakt von Familie, Haushalt und Beruf die Erschöpfung morgens im Betrieb am größten war. Duch eine bessere Organisation ihres Lebens außerhalb des Firmengebäudes versprachen sich die Abteilungsleiterinnen deshalb ein effektiveres Arbeiten im Büro. Dieselbe oder eine ähnliche Überlegung haben Sie inzwischen eventuell auch angestellt: Ihre Arbeitszeit managen Sie von Tag zu Tag besser. Wie sieht es aber mit Ihrer Lebenszeit außerhalb der Erwerbstätigkeit aus? Könnten die Herangehensweisen und Techniken, die Methoden und Modelle, die Sie in den letzten Wochen kennengelernt haben, eventuell auch helfen, Ihr ganzes Leben mit all seinen Bereichen besser zu managen? Was spräche dagegen? Viele Menschen haben inzwischen einen Vollzeitjob, einen Nebenjob, ein florierendes Familienunternehmen (Partner und Kinder in eigenen Betriebsräumen) und diverse andere Rollen zu managen. Selbst wenn Sie in der zweiten Programmwoche etliche Ihrer Rollen und Funktionen aufgegeben haben, ich bin sicher, es sind noch einige übrig geblieben. «Ja, aber in einem Zeitbuch kreuz und quer den Windeleinkauf, den Arzttermin, die Vorstandssitzung und die Gemeinderatsversammlung zu managen, das geht ja nun wirklich nicht!« höre ich Sie sagen, oder »Auf gar keinen Fall, Job ist Job und Familie ist Familie.«

Eigentlich spricht aber nichts dagegen, das Leben mit all seinen Lebensbereichen als Ganzes zu sehen. Ihr Zeitbuch stören die unterschiedlichen Einträge nicht. Aber Sie kostet es erheblich mehr Zeit und Energie, drei Zeitbücher zu führen und für eine reibungslose Schnittstelle zwischen allen zu sorgen. Stellen Sie sich vor, zum Feierabend bliebe in Ihrem Zeitbuch nur noch die Aktvität »Einkauf → ZB« übrig. Auf dem Nachhauseweg erledigen Sie dies. Alternativ kramen Sie nach einem geordneten Tag aus Ihrer Handtasche einen zerknüllten Zettel mit gekritzelten Einkaufsnotizen – falls Sie überhaupt rechtzeitig daran denken, dass Sie noch einkaufen wollten. Dabei geht es nicht nur darum, einfach ein zentrales Zeitbuch zu führen. Das Zeitbuch ist lediglich Ausdruck Ihrer Einstellung zu Ihrer Lebenszeit als Ganzes, ein einfaches Werkzeug.

Ich bin der Ansicht, dass die Trennung von Arbeit und Nicht-Arbeit zu Gewichtungen führt, die nichts mit den persönlichen Visionen und Vorstellungen zu tun haben. Auf geheimnisvolle Weise ist in der gängigen Vorstellung Arbeitszeit die Zeit, die man weniger gestalten kann, während die anderen 16 Stunden des Tages im vorgabenfreien Raum stehen. Aber kann das stimmen? In diesen 16 Stunden ist doch ebenfalls eine höchst aufwändige logistische Leistung zu vollbringen, um acht Stunden etwas anderes tun zu können. Ich persönlich halte es für wenig sinnvoll, die eigene Lebenszeit so zu unterteilen.

Job des Tages

Sie sollten den letzten Tag Ihres Vier-Wochen-Programms nutzen, um zu entscheiden, wie es weitergehen soll. Welche Möglichkeiten stehen zur Auswahl? Ich nehme an folgende:

→ Sie erklären das Programm für beendet und entscheiden, einige Elemente mitzunehmen, andere nicht.

- Sie verlängern das Programm, springen noch einmal zurück und wiederholen einzelne Punkte, die Ihnen vertiefenswert erscheinen.
- Sie beschließen, ein eigenes Vier-Wochen-Programm zu entwerfen und beginnen die nächsten Wochen zu planen.
- Im Zeitmanagement zu pausieren wäre keine ernsthaft erwägenswerte Wahl – denn Ihr Arbeitsalltag ist nicht anzuhalten, oder?
- Vielleicht fällt Ihnen noch eine andere Alternative ein.

Ich empfehle Ihnen, die dritte Variante zu wählen. Entwerfen Sie heute Ihr eigenes Zeitmanagement-Programm für die nächsten vier Wochen! Für eine erste Ideenskizze können Sie sich an das Raster dieses Vier-Wochen-Programms halten: Für jeden Tag nehmen Sie sich ein neues Thema vor. Vielleicht notieren Sie sich Ideen für Tipps und Tricks wie das Zeitgefühl-Training (→ Seite 22) sowie Hinweise auf weiterführende Literatur, die Sie durcharbeiten möchten. Außerdem stellen Sie sich für jeden Tag eine Aufgabe. Nehmen Sie doch ein paar Blankoblätter und fertigen Sie einen ersten groben Entwurf an.

Für eine Detail-Planung könnten Sie die Vorlage »Zielfindung« nutzen und ein wenig abändern. Überlegen Sie, was Sie als Nächstes erreichen wollen, was Sie lernen möchten, woran Sie arbeiten wollen und sollten, was noch weiterer Übung bedarf. Tragen Sie diese Punkte jeweils in die erste Spalte, so wie Sie zuvor dort Ihre Visionen und Vorstellungen notiert haben. Anschließend entwickeln Sie daraus Meilensteine und Ziele: messbar, realistisch und mit Endtermin. Welche Aktivitäten sollten Sie einplanen, um innerhalb der nächsten vier Wochen Ihre Programmziele erreichen zu können? Überlegen Sie, welche das sein könnten, und verteilen Sie diese auf die nächsten vier Wochen in Ihren Aktivitätenlisten. Achtung: Denken Sie an eine sinnvolle Reihenfolge und nehmen Sie sich lieber ein bißchen weniger als zu viel vor! Kaum etwas ist so motivierend, wie die eigenen Pläne einzuhalten und Meilensteine zu erreichen.

10 Minuten Tagesrückschau

Wie weit sind Sie mit den Entscheidungen über Ihr weiteres Vorgehen gekommen? Was werden Sie tun? Was hat Sie bewogen, sich für den gewählten Weg zu entscheiden? Falls Sie bereits Pläne geschmiedet haben, könnten Sie noch einmal Revue passieren lassen, wie Sie mit der Planung zurechtgekommen sind. Nutzen Sie bitte den letzten Rückschaubogen, um Ihre Überlegungen und die Erkenntnisse des Tages festzuhalten.

Wochenrückschau

Heute beenden Sie nicht nur eine weitere wahrscheinlich anstrengende und hoffentlich ertragreiche Woche, sondern auch Ihr Vier-Wochen-Programm. Nutzen Sie bitte die Zeit der Rückschau, um sich auf den Beginn Ihres Programms vor vier Wochen zu besinnen. Sie werden einiges gelernt, ausprobiert, verworfen und geübt haben. Nehmen Sie sich die Zeit, Ihr Zeitbuch mit all seinen Rubriken und Inhalten durchzugehen und sich an der Vielfalt und Fülle der erarbeiteten Inhalte zu erfreuen. Vor allem in den Rückschaubögen der letzten vier Wochen können Sie schwarz auf weiß lesen, was Sie alles erlebt haben! Sie könnten sich einen farbigen Stift nehmen und herausragende Ereignisse, Erfolge und Lernfortschritte hervorheben. Welche Veränderungen in Ihrem Zeitmanagement waren für Sie überraschend? Ist Ihr Gefühl für Zeitreichtum gewachsen und ist der Zeitgewinn auch in Ihrem Alltag bereits sicht- und spürbar geworden? Was hat Sie erstaunt, an welchen Stellen haben Sie noch weiteren Informationsbedarf? Hat sich erfüllt, was Sie sich von diesem Programm versprochen hatten? Haben Sie sich auch erfüllt, was Sie sich selbst für das Durchhalten versprochen hatten? Bitte halten Sie jetzt auf Ihrem Rückschaubogen der Woche Ihre Gedanken fest und feiern Sie anschließend ausgiebig Ihren Programmabschluss. Viel Spaß!

Ihr Zeitgewinn in dieser Woche

Allein durch die Optimierungen dieser vierten Woche sollten bei realistischer Zeitbedarfsplanung Ihrer Aktivitäten noch mal einige Stunden zusammengekommen sein – innere Schweinehunde überlisten: 180 Minuten, täglich 15 Minuten Zeitersparnis durch ein einziges klares »Nein« mehr: 75 Minuten, Aktivitätenlisten auf Wochenlisten verdichten: 50 Minuten. Zusammen sind das rund fünf Stunden Zeitersparnis pro Woche, wenn Sie nur kleine Veränderungen vornehmen, vielleicht noch ein wenig üben und die neuen Strategien konsequent beibehalten.

Dem Jojo-Effekt
keine Chance

Die ersten Erfolge sind da, die Begeisterung ist groß, die Vorsätze noch größer und doch: Nach wenigen Wochen ist vieles wieder so wie vorher. Unbemerkt, ganz langsam haben sich die alten Gewohnheiten wieder breit gemacht, es knirscht und hakt wieder in Ihren Arbeitsabläufen, obwohl Sie doch mit so viel Elan einen Neuanfang gemacht hatten. Diesen Effekt nennt man den Jo-Jo-Effekt. Tun Sie rechtzeitig etwas dagegen.

Mit Hilfe des nachfolgenden Tests können Sie sich immer wieder einmal selbst überprüfen und gegebenenfalls Ihrem Zeitmanagement mit der Wiederholung einzelner Programmtage gezielt neue Impulse geben.

SELBSTTEST

Wo hakt es?

→ Gehen Sie alle paar Wochen die nachfolgenden typischen Symptome Zeile für Zeile durch und kreuzen Sie Zutreffendes an.

		Ja	Nein
①	Ich fühle mich fast schon wieder wie ein Hamster im Hamsterrad, der rennt und rennt, ohne wirklich voranzukommen.	○	○
②	Mein Büro quillt über an Materialien, Unterlagen, Büchern, Prospekten, Notizen, Briefen, Papier, Verpackungen – ich weiß nicht was noch alles...	○	○
③	Ich arbeite rund um die Uhr und kann sofort sehen, was noch zu verbessern wäre, aber wenn ich mir etwas Gutes tun will, fällt mir nichts ein.	○	○
④	Ich mache manche Dinge ganz automatisch, ohne es zu merken und obwohl ich das eigentlich gar nicht will. Das kostet mich viel zu viel Zeit.	○	○
⑤	Ich komme trotz guter Planung nicht wirklich zu meinen Vorhaben – immer kommt irgendeiner und halst mir neue »Mal-eben-Schnell«- Aufgaben auf.	○	○
⑥	Alle Aktivitäten aufzuschreiben funktioniert ja noch ganz gut, aber fertig werde ich nie – im Gegenteil, ich bin jeden Abend frustriert, weil ich wieder nur wenige Aufgaben abhaken konnte.	○	○
⑦	Manchmal geht mir alles ganz leicht und zügig von der Hand, aber dann gibt es Tage, da schaffe ich gar nichts. Wenn ich nur wüsste, woran das liegt!	○	○
⑧	Ich arbeite jetzt ziemlich effektiv und schnell, aber irgendwie komme ich immer noch nicht zu dem, was mir selbst wichtig ist.	○	○
⑨	Es fällt mir nach wie vor schwer, mich zu konzentrieren. Ich habe immer 20 Dinge gleichzeitig im Kopf und außerdem Angst, die Hälfte davon zu vergessen.	○	○
⑩	Die Korrespondenzkürzel und Gesprächsformulare waren ja keine schlechte Idee, aber irgendwie funktioniert das bei mir nicht richtig und jetzt kleben doch wieder überall Post-its.	○	○

		Ja	Nein

11. Wenn ich ehrlich bin, habe ich zu vielen Extraaufgaben, die ich übernommen habe, gar keine Lust mehr. Die Zeit würde ich jetzt viel lieber für meine Ziele einsetzen, aber wie?

12. Wenn ich was Neues anfange, habe ich immer so viel Energie, Lust und Elan. Mit der Zeit werden die Projekte aber immer zäher und vor allem viel zeitaufwändiger, als ich dachte.

13. Obwohl ich manche Projekte schon so oft gemacht habe, vergesse ich immer etwas. Man sollte doch meinen, das würde mit zunehmender Erfahrung nicht mehr passieren und überhaupt ginge alles irgendwann schneller.

14. Mittlerweile hat der Chef auch mitbekommen, dass ich viel effektiver arbeite. Jetzt überträgt er mir so viele Aufgaben parallel, dass ich manchmal schon gar nicht mehr weiß, woran ich zurzeit eigentlich arbeite.

15. Ich komme gegen meinen inneren Schweinehund einfach nicht an. Da steht zwar in meinen Aktivitätenlisten, was ich wann erledigen sollte, aber ich kann mich einfach nicht motivieren, an die Arbeit zu gehen.

Auswertung

Treffen einzelne Symptome auf Sie zu? Welche? Wiederholen sie gezielt die jeweils genannten Programmtage, um Ihr Zeitmanagement zu verbessern.

Zeile	Woche/ Programmtag	Wo finde ich das?			
1.	1/1	Seite 10	8.	2/2–2/4, 3/2	Seite 46 ff., 82
2.	3/3	Seite 87	9.	1/1	Seite 10
3.	1/Wochentipp	Seite 35	10.	1/1, 3/5	Seite 10, 102
4.	3/Einführung	Seite 73	11.	2/1	Seite 39
5.	3/Tipp, 4/1	Seite 109, 112–114	12.	2/5	Seite 66
			13.	3/4	Seite 98
6.	1/3, 1/4	Seite 19, 23	14.	3/Tipp, 4/3 Tipp	Seite 109, 122
7.	4/2	Seite 116	15.	4/4	Seite 124

12 Tipps, um dem Jojo-Effekt sicher vorzubeugen

Die folgenden zwölf Tipps helfen Ihnen, einen Rückfall in alte Gewohnheiten zu verhindern.

1. Arbeiten Sie ohne Ausnahme täglich, stündlich, minütlich mit Ihrem Zeitbuch.
2. Beginnen Sie nichts Neues, treffen Sie keine Verabredung, übernehmen Sie keine Aufgaben, ohne vorher Ihr Zeitbuch zu konsultieren.
3. Bleiben Sie eindeutig in Ihren Vereinbarungen und Zusagen.
4. Überprüfen Sie in regelmäßigen Abständen Ihre Ziele, mindestens alle sechs Monate.
5. Gewöhnen Sie sich persönliche, arbeitsförderliche Rituale an und behalten Sie diese konsequent bis zur nächsten Überprüfung bei.
6. Hüten Sie sich vor Informationsquellen, die Sie ungefragt mit überflüssigem Unsinn und ewig schlechten Nachrichten behindern.
7. Praktizieren Sie bewusst den Wechsel von hochkonzentriertem, effektivem Arbeiten an einer Aufgabe und dem entspannten, müßigen Nichtstun. Beides ist wichtig und will geübt sein.
8. Fragen Sie bei Gegenständen und Unterlagen nicht »Kann ich es noch gebrauchen«, sondern »Werde ich es noch benutzen?«
9. Locken Sie sich gezielt mit interessanten Terminen am Ende einer Arbeitseinheit, um Aufgaben in der gesetzten Zeit fertig zu stellen.
10. Achten Sie darauf, dass Sie in turbulenteren Zeiten nicht als Erstes sich selbst die kleinen »Schmankerl« kürzen. Gerade dann brauchen Sie Ihre Kraftquellen!
11. Beginnen und beenden Sie jeden Tag grundsätzlich mit einem Dialog mit Ihrem Zeitbuch.
12. Seien Sie gütig mit sich selbst, wenn etwas mal nicht klappt. Fangen Sie einfach noch einmal neu an.

Aktivitätenliste

Datum	Wochentag					
Aktivität		Zeitbedarf geplant (Min.)	Zeitbedarf gebraucht	Wichtig?	Notiz	erledigt
Aktivitätenliste aktualisieren, Tag planen						

Aktivitätenliste (Woche)

erledigt	Monat Woche									
	Aktivität	Zeit (min/h)	W	Mo	Di	Mi	Do	Fr	Sa	So	Notiz
	Aktivitätenliste aktualisieren, Tag planen										

Tagesrückschau

Wochentag	Tagesrückschau
Was mir zu diesem Tag einfällt:	
Tagesaufgabe erledigt: vollständig – teilweise – gar nicht.	
Überraschungen, Erfolge, Fortschritte?	
Hindernisse? Innere? Äußere?	
Was könnte ich verbessern?	
Tipp ausprobiert, Ergebnis:	
Ich habe mich heute gefreut über.../hatte Spaß bei... (mindestens einen Eintrag!)	
Mein Zeitbuch ist jetzt auf dem aktuellsten Stand. Besonders wichtig ist mir für morgen:	
Ich beobachte Reaktionen auf meine Zeit-Diät, und zwar...	
Notiz	

Wochenrückschau

Woche	
Was mir zu dieser Woche einfällt:	
Wochenprogramm absolviert Vollständig – teilweise – gar nicht.	
Geschätzter Zeitgewinn:	
Überraschungen, Erfolge, Fortschritte?	
Was könnte ich verbessern? Was könnte ich noch weiter üben?	
Fragen, die offen geblieben sind ...	
Ich habe in dieser Woche besonders genossen ... (mindestens einen Eintrag!)	
Mein Zeitbuch ist jetzt auf dem aktuellsten Stand. Besonders wichtig ist mir für die nächste Woche:	
Notiz	

Kraftquellen

Wochentag				
Kraftquelle	**Sammlung**	Aufwand Zeit ca.	Aufwand Geld ca.	genutzt
Freunde, deren Gesellschaft mir Mut macht, mir gut tut	1. 2. 3. 4. 5.			
Kollegen, die mich bestärken und unterstützen	1. 2. 3. 4. 5.			
Kleine Anschaffungen, die mir Freude machen	1. 2. 3. 4. 5.			
Unternehmungen, an denen ich Spaß habe	1. 2. 3. 4. 5.			
Musik, die mich beschwingt	1. 2. 3. 4. 5.			
Was mir noch einfällt	1. 2. 3. 4. 5.			

Zielfindung

Datum

Mein Zukunftswunsch:		**Zielkriterien**			**Ziel erreicht?**
Frage	**Meilensteine/ Ziele**	**R**	**Messbares Ergebnis**	**Datum**	**Ja/Nein**
Was müsste passieren, damit meine Vorstellung Realität wird?					

Projektübersicht

Laufende Projekte

erl.	Projekt	Akte	Termin

Bücher, die weiterhelfen

Beck, Martha: *Enjoy your life. 10 kleine Schritte zum Glück,* Campus, Frankfurt am Main

Blanchard, Kenneth/Onclen, William Jr./Burrows, Hal: *Der Minuten-Manager und der Klammer-Affe. Wie man lernt, sich nicht zuviel aufzuhalsen,* Rowohlt, Reinbek

Bode, Richard: *Nimm zuerst ein kleines Boot. Von den Gezeiten des Lebens,* Ariston, Kreuzlingen/München

Cameron, Julia: *Der Weg des Künstlers,* Droemer Knaur, München

Covey, Stephen R.: *Die sieben Wege zur Effektivität,* Heyne, München

Ernst, Walburg: *Finden statt suchen,* Ueberreuter, Wien

Geißler, Karlheinz A.: *Zeit. Verweile doch, Du bist so schön!* Quadriga, Weinheim/Berlin

Gätjens-Reuter, Margit: *Ablage. Information optimal organisieren,* Gabler, Wiesbaden

Herwig, Ute Elisabeth: *Zeit managen. Der schnelle Weg zur Effektivität,* Gräfe und Unzer Verlag, München

Kirckhoff, Mogens: *Mind Mapping. Die Synthese von sprachlichem und bildhaftem Denken,* PLS, Bremen

Knoblauch, Jörg: *22 Zeitspartipps,* Tempus, Giengen

Massow, Martin: *Gute Arbeit braucht ihre Zeit,* Heyne, München

Needleman, Jacob: *Die Seele der Zeit,* Fischer, Frankfurt am Main

Nussbaum, Cordula: *Familien-Alltag sicher im Griff. So meistern Sie das tägliche Chaos gelassen und souverän,* Gräfe und Unzer Verlag, München

Ritter, Thomas: *Endlich aufgeräumt! Der Weg aus der zwanghaften Unordnung,* RoRoRo, Reinbeck b. Hamburg

Seiwert, Lothar J.: *Wenn du es eilig hast, gehe langsam. Das neue Zeitmanagement in einer beschleunigten Welt,* Campus, Frankfurt am Main

Seiwert, Lothar J.: *Das neue 1×1 des Zeitmanagement,* Gräfe und Unzer Verlag, München

Sprenger, Reinhard K.: *Der Weg zum Wesentlichen. Zeitmanagement der vierten Generation.* Campus, Frankfurt am Main

Sprenger, Reinhard K.: *Die Entscheidung liegt bei Dir! Wege aus der alltäglichen Unzufriedenheit,* Campus, Frankfurt am Main

Internetadressen, die weiterhelfen

www.checkliste.de
Umfangreiche Sammlung von Checklisten für alle Lebensbereiche; Newsletter

www.checklisten.com
Viele Checklisten und Tipps fürs Privat- und Berufsleben; Archiv; Newsletter

www.mindjet.de
Software zum Sammeln, Organisieren und Kommunizieren nach dem Prinzip des Mind-Mappings

www.zeitzuleben.de
Umfangreiche Web-Site rund um das Thema Zeit; Testübersicht diverser Zeitplansysteme; Tipps; Newsletter

www.seiwert.de
Web-Site des Seiwert-Instituts; umfangreiche Tipps und Checklisten

Register

A
ABC-Analyse 86
Abgabetermine 109
Ablage 13, 15, 87 ff., 91 ff., 97
Ablenkungen 17
Adlerperspektive 8, 9
Aktivitäten 11 ff., 57, 62 f., 101, 113 f., 122 f.
– Kurzformulierung 63
– Planung 58 ff., 64 ff.
Aktivitätenliste 6, 12 ff., 17 f., 21, 24, 40, 60, 68 f., 86, 101, 107, 115, 122, 135
Aktivitätensammlung 61, 63, 68
Arbeitszeit 23, 74, 84
Ärger-Management 125
Ausmisten 41, 90

B
Besinnung 5
Bestandsaufnahme 16 ff.
Betreffzeilen 104
Briefe 103 ff.

C
C-Aufgaben 84
Charakter 49
Checklisten 98 ff.

D
Datenmüll 27 f.
Delegieren 59 f.
Detailinformationen 92
Dringlichkeit 82 ff.

E
Ehrgeiz 20
Ein-Blatt-Informationen 90
Einschätzungsvermögen 23
Einzelinformation 15
Eisenhower-Regel 83
E-Mails 103 ff.
Entscheidungen, aktive 52
Erfolg 50, 111 f.
Erreichbarkeit 58

G
Gespräche 106
Gewohnheiten 5, 73
Gewohnheitsfragen 74

I
Infoblatt 61 f.
Informationsflut 28 ff.

J
Job des Tages 17, 20, 24, 30 ff., 47 ff., 53 ff., 61 ff., 68 f., 80 f., 85 f., 91 ff., 103 ff., 114 f., 118 f., 122 f., 126, 128 f.
Jojo-Effekt 131 ff.

K
Kernfrage, zeitsparende 60
Kommunikation 102
Kraftquellen 6, 35, 69, 139
Kriterien, messbare 58
Kurzinformationen 105 f.

M
Meilensteine 54 ff., 115, 129
Minutenaufgaben 14
Morgenseiten 117 f.

P
Pareto-Prinzip 22, 121
Planen, gestalterisches 21
Planung(s-) 67, 86
 -systeme 120, 122
 – von Hinten nach Vorne 67
Posteingang 105
Prioritätensetzung 86
Projektübersicht 6, 141

R
Reagieren 52
Reihenfolge, richtige 116
Reservezeiten 18, 23
Rhythmen 117 f.
Rituale 5, 73 f.
Rollen 39 f., 43 ff., 48 f
Routine(n) 120 ff.
 -Akte 96
 -aktivitäten 25, 101

S
Schlaf 14 f.
Schriftliche Notizen 26
Selbstbewusstsein 112
Selbstorganisation 5, 75
Standardformulare 106
Stapelwesen 89
Störungen 17
 – sich wehren gegen 26
Stress 121
Suchen 22
Synergien nutzen 127 ff.

T
Tätigkeiten, wöchentlich wiederkehrende 100
Telefongespräche 105
Telefonnotizen 15
Termine 11, 21
Terminkalender 12, 14

U
Überblick 8 ff., 122
Unterbrechungen 17, 25 f.

V
Verhinderer 111
Verzögerungen 25
Visionen 47 f., 113 ff., 129
Vorlagen 6 f., 104
Was-müsste-passieren…?-Fragetechnik 55 ff., 61
WEWA-Methode 91 ff.
Wichtigkeit 82 ff.

Z
Zeitreserve 25 f., 30
Ziel(-) 38, 46 ff., 52 ff., 58 f., 61 f., 67, 69, 111, 113 ff., 129,
 -findung 5 f., 129, 140
 -planung 124

Impressum

© 2005 GRÄFE UND UNZER VERLAG GmbH, München. Alle Rechte vorbehalten. Nachdruck, auch auszugsweise, sowie Verbreitung durch Film, Funk, Fernsehen und Internet, durch fotomechanische Wiedergabe, Tonträger und Datenverarbeitungssysteme jeder Art nur mit schriftlicher Genehmigung des Verlages.

Programmleitung
Steffen Haselbach
Leitende Redaktion
Anita Zellner
Redaktion
Nina Pohlmann
Lektorat
Andreas Kobschätzky

Titelfoto
Hans Döring
Umschlag und Gestaltung
independent Medien-Design
Herstellung
Bettina Häfele
Satz
Uhl + Massopust, Aalen
Repro
Longo, Bozen
Druck und Bindung
Kaufmann, Lahr

Umwelthinweis
Dieses Buch wurde auf chlorfrei gebleichtem Papier gedruckt. Um Rohstoffe zu sparen, haben wir auf Folienverpackung verzichtet.

ISBN 3-7742-6953-0
Auflage 5. 4. 3. 2. 1.
Jahr 09 08 07 06 05

Wichtige Hinweise

Die Beiträge in diesem Buch sind sorgfältig recherchiert und entsprechen dem aktuellen Stand. Abweichungen, beispielsweise durch seit Drucklegung geänderte Preise, Gebühren, Anlageentwicklungen, WWW-Adressen etc., sind nicht auszuschließen. Weder Autorin noch Verlag können für eventuelle Nachteile oder Schäden, die aus den im Buch gegebenen praktischen Hinweisen resultieren, eine Haftung übernehmen.

Ein Unternehmen der
GANSKE VERLAGSGRUPPE

Das Original mit Garantie

Ihre Meinung ist uns wichtig. Deshalb möchten wir Ihre Kritik, gerne aber auch Ihr Lob erfahren. Um als führender Ratgeberverlag für Sie noch besser zu werden. Darum: Schreiben Sie uns! Wir freuen uns auf Ihre Post und wünschen Ihnen viel Spaß mit Ihrem GU-Ratgeber.

Unsere Garantie: Sollte ein GU-Ratgeber einmal einen Fehler enthalten, schicken Sie uns das Buch mit einem kleinen Hinweis und der Quittung innerhalb von sechs Monaten nach dem Kauf zurück. Wir tauschen Ihnen den GU-Ratgeber gegen einen anderen zum gleichen oder zu einem ähnlichen Thema um.

GRÄFE UND UNZER VERLAG
Redaktion Leben & Lernen
Postfach 86 03 25
81630 München
Fax: 089/41981-113
E-Mail: leserservice@
graefe-und-unzer.de